旅の鉄人が送る
地球3大冒険紀行
「あなたの強い意志が、あなたの運命を変える!」

後藤昌代

タイタニック船首全体

Commemorating All Those Lost On
RMS TITANIC

From The People Of
Cobh (Queenstown) And Ireland

Gc d'Iuga Din Suaimhneas Síoraí

操舵輪

エンジン

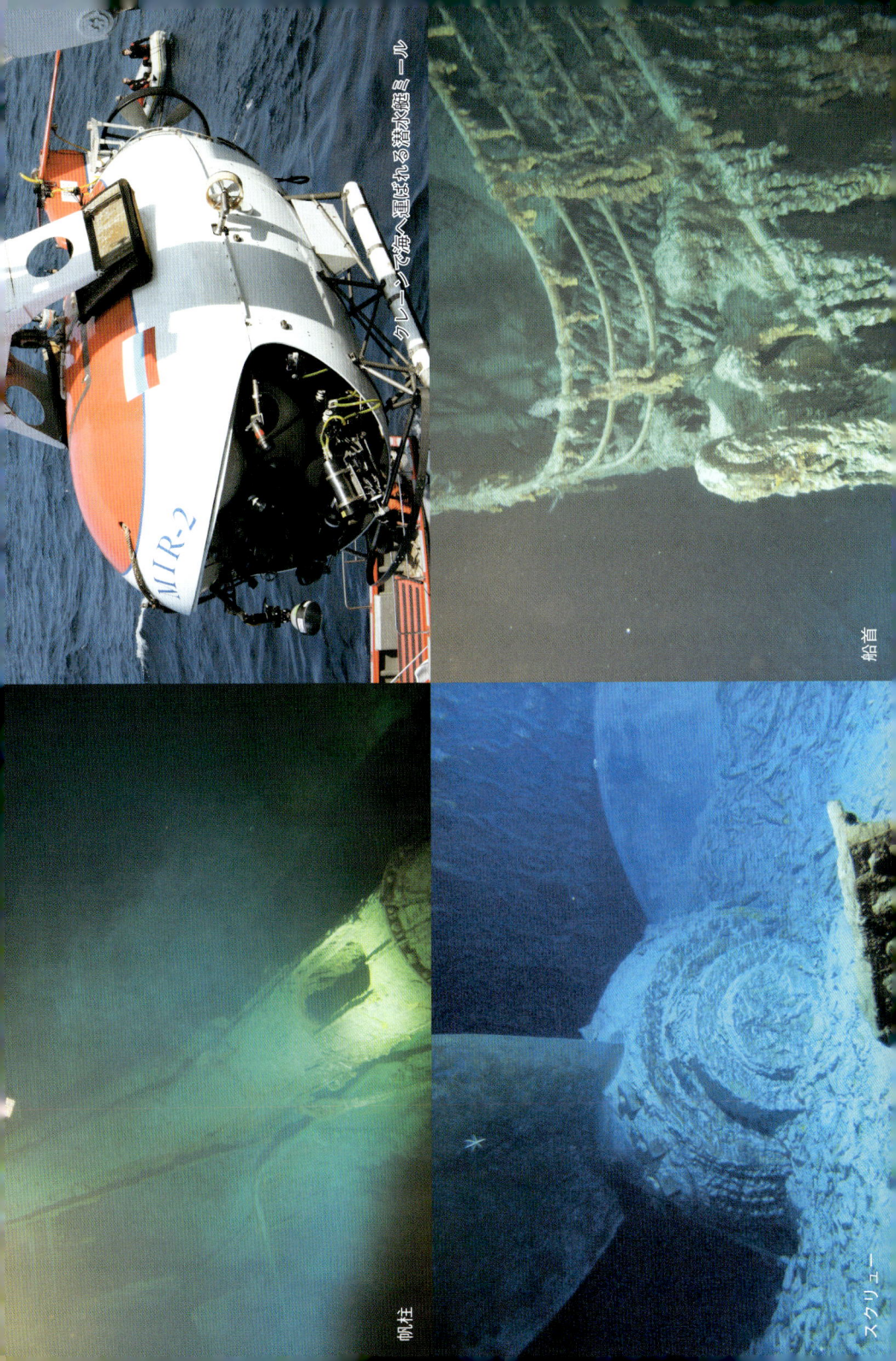

クレーンで深く海ばれる潜水艇ミール

船首

帆柱

スクリュー

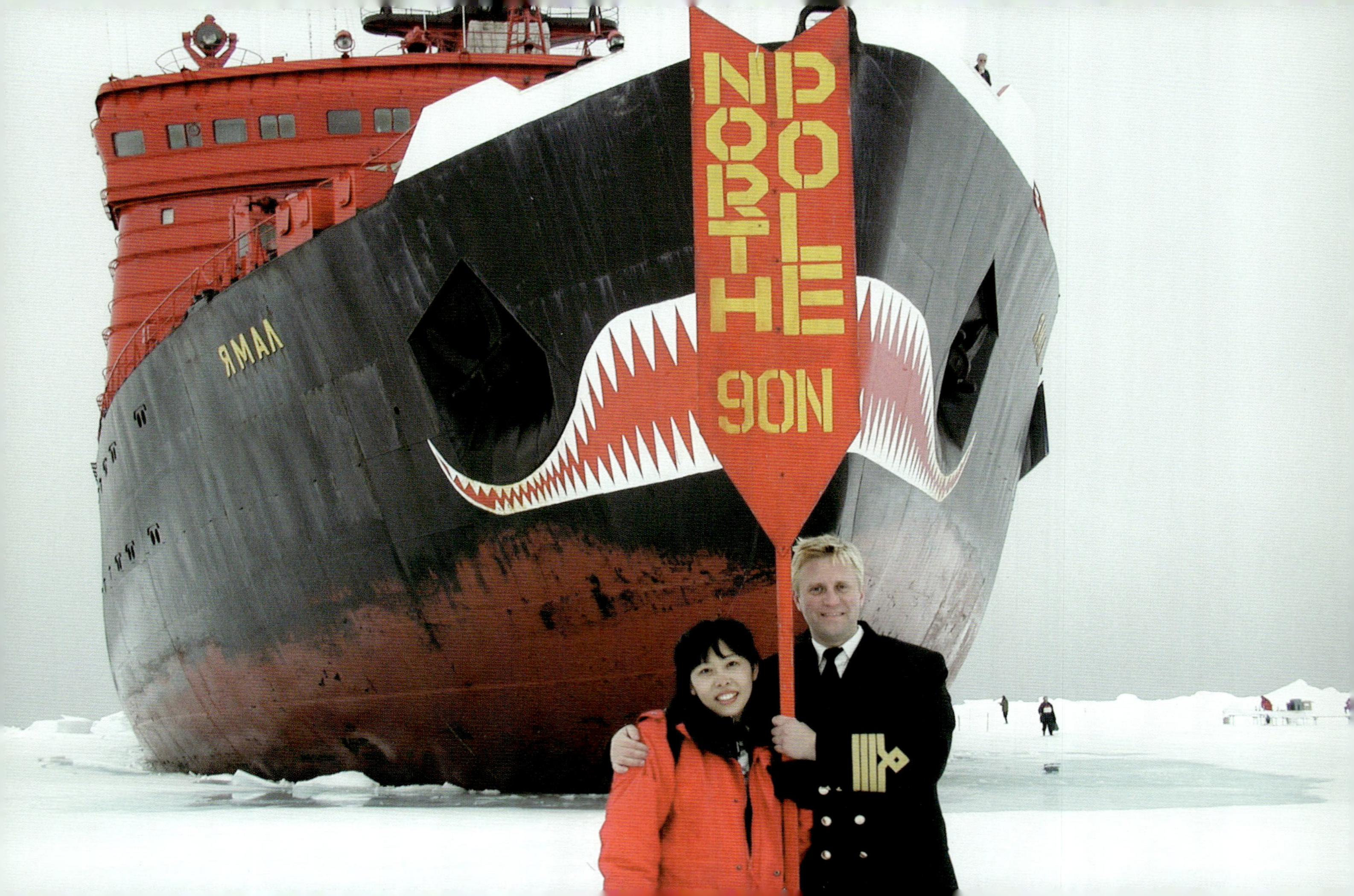
ЯМАЛ
NORTH POLE
90N

ヤマル号

北極海の氷河

ヤマル号が裂いて通る氷

ホッキョクグマの親子

GEOGRAPHIC SOUTH POLE

ROALD AMUNDSEN
DECEMBER 14, 1911

"So we arrived and were able to plant our flag at the geographical South Pole."

ROBERT F. SCOTT
JANUARY 17, 1912

"The Pole. Yes, but under very different circumstances from those expected."

ELEVATION 9,301 FT.

南極条約記念セレモニアルポール 南緯90度

アムンゼン・スコット米軍基地(旧基地) 南緯90度

エルズワース山脈

南極大陸の氷床

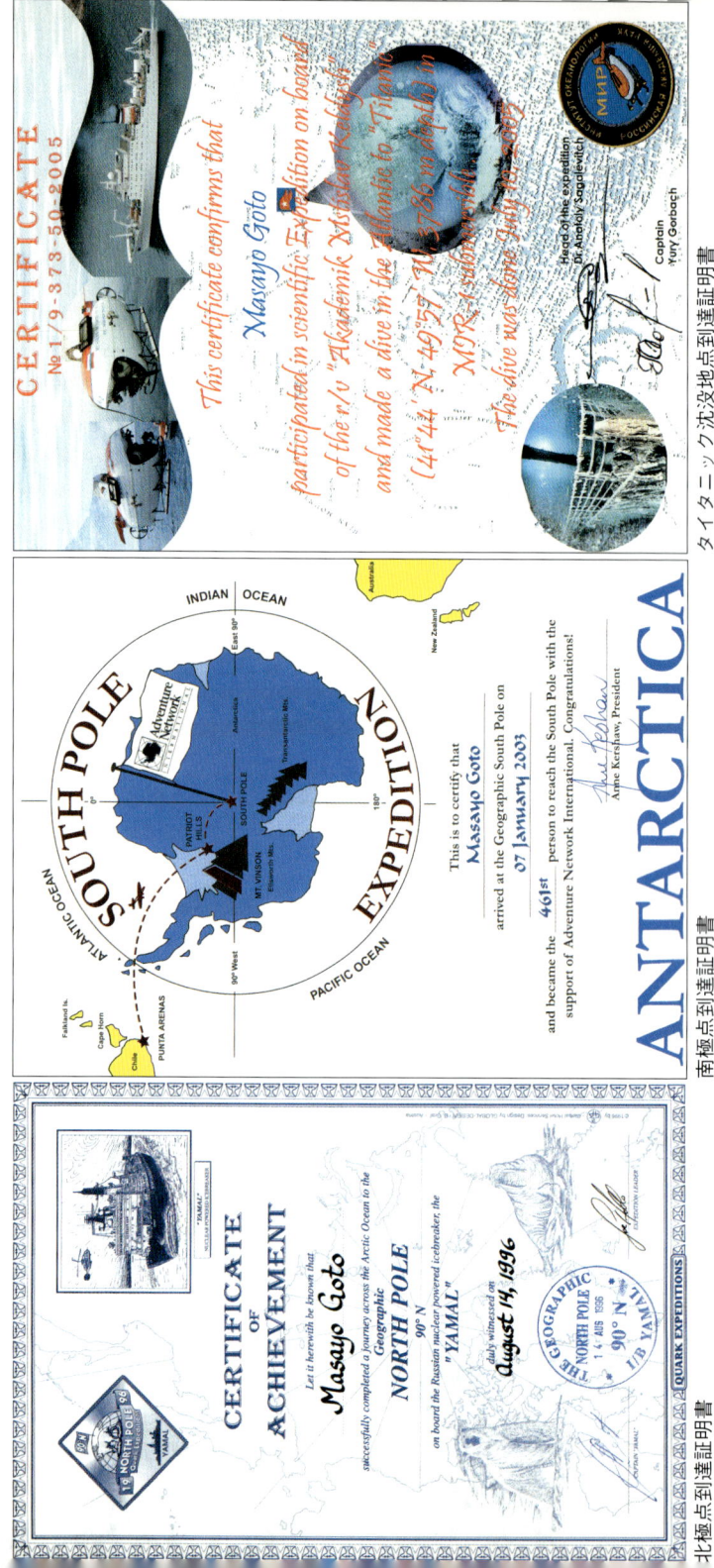

CERTIFICATE
№ 1/9-373-50-2005

This certificate confirms that **Masayo Goto** participated in scientific Expedition on board of the r/v "Akademik Mstislav Keldysh" and made a dive in the Atlantic to "Titanic" (41°44'N, 49°57'W; 3780 m depth) in MIR-1 submersible. The dive was done July 28, 2005.

Head of the expedition
Dr. Anatoly Sagalevitch

Captain
Yury Gorbach

タイタニック沈没地点到達証明書

SOUTH POLE EXPEDITION — ANTARCTICA

This is to certify that **Masayo Goto** arrived at the Geographic South Pole on **07 January 2003** and became the **461st** person to reach the South Pole with the support of Adventure Network International. Congratulations!

Anne Kershaw, President

南極点到達証明書

CERTIFICATE OF ACHIEVEMENT

Let it herewith be known that **Masayo Goto** successfully completed a journey across the Arctic Ocean to the Geographic **NORTH POLE** 90° N on board the Russian nuclear powered icebreaker, the "YAMAL"

duly witnessed on **August 14, 1996**

THE GEOGRAPHIC NORTH POLE · 14 AUG 1996 · 90° N · I/B YAMAL

QUARK EXPEDITIONS

北極点到達証明書

旅の鉄人が送る
地球3大冒険紀行
「あなたの強い意志が、あなたの運命を変える!」

後藤 昌代

目　次

はじめに …………………………………………………………………… 5
冒険のテーマ「あなたの強い意志が、あなたの運命を変える！」について
　………………………………………………………………………… 6

深海への冒険　　深海3800メートル、タイタニックへの旅路
　　　　　　　　　（日本人初の沈没地点到達）………………… 9
　はじめに ………………………………………………………………… 10
　タイタニックとは？ …………………………………………………… 13
　冒険への準備 ── それが既に冒険である ── ……………………… 14
　タイタニック沈没地点へ出発 ………………………………………… 15
　タイタニック沈没地点の海上に到着 ………………………………… 23
　タイタニック沈没地点到達 …………………………………………… 31
　船上での生活 …………………………………………………………… 47
　ジェームズ・キャメロン監督との出会い …………………………… 50

北極点への冒険 ……………………………………………………… 55
　はじめに ………………………………………………………………… 56
　北極点への挑戦 ………………………………………………………… 56
　生まれて初めてみる砕氷船 …………………………………………… 62
　北極点に向けて出発 …………………………………………………… 63
　北極圏入り ……………………………………………………………… 66
　北極点到達 ……………………………………………………………… 72
　北極点への冒険の終わりと新たな人生の始まり …………………… 88
　北極点到達第2弾！ …………………………………………………… 89

南極大陸への冒険 ································ 97
　はじめに ····································· 98
　南極半島クルーズの旅（1回目）··················· 98
　南極大陸上空飛行（2回目）······················ 111
　南極点への挑戦 ······························· 113
　南極点到達 ··································· 136

「あなたの強い意志が、あなたの運命を変える！」を吟味する ········ 155

結びの言葉 ····································· 207

私の名言 ······································· 208

筆者のプロフィール ······························· 209

付録：目標達成実践ノート ·························· 210

はじめに

　タイタニック沈没地点、北極点、南極点の３カ所に到達することは、私の夢であり、希望であった。それはこの冒険記のテーマである「あなたの強い意志が、あなたの運命を変える！」という私自身が考えた言葉をそのまま有言実行することで実現できた。そのキーワードは「チャンス」。それをつかむことによって、自分の運命が変わっていくのがわかった。自分自身が体験しながら、それを考え、実行し、成功へとつなげていった。本書では、最初にこのテーマとキーワードを簡単に説明し、次にそれらをどのように実行して成し遂げたかを冒険記の中で書き上げた。そして最後に、「あなたの強い意志が、あなたの運命を変える！」と「チャンス」を他の私の体験も紹介しながら、さらに吟味して、読者がわかりやすいように書いた。

　また、2012年は、２つの意味で大きな節目を迎える年である。タイタニックが沈没してからちょうど100年目、またロマンを抱いた探検家達がかつて人類未踏だった南緯90度南極点に到達してから100年目にあたる。この記念の年に、タイタニック沈没地点と南極点到達、それに付け加えて北極点到達の私の冒険をぜひとも披露させていただきたく、冒険記を書いた次第である。

　読者の方に、少しでも希望、勇気、元気を与えることができれば、幸いである。

後藤昌代　2013年４月

冒険のテーマ「あなたの強い意志が、あなたの運命を変える！」について

　私は、自分の人生において、自分に強い意志がないことで失敗したことが多くある。しかし強い意志で困難を乗り越え、成功したこともある。キーワードは「チャンス」。いわゆる「機会」である。英語では「Opportunity」と呼ぶ。それをどう見つけ、どうつかんでいくかであなたの人生が変わってくる。人生の勝敗が決まるのだ。その根源力はあなたの目標を達成したいと願う「強い意志」である。

　それでは「チャンス」とはいったいどういう存在なのだろうか。わかりやすく理解するために、西洋のたとえを使ってみよう。西洋では「チャンス」を「チャンスの神様」とも呼び、その姿は「前髪」はあれども「後ろ髪」はないとされる。また、「前ひげ」があるとも言われる。そして前髪も前ひげも、つかもうと思えば、つかめるだけの長さはあるという。これを元に「チャンスの神様」を想像してみると、前は長い前髪と前ひげがあるが、後ろは髪がないつるつる頭となる。つまり、「チャンス」は目の前に現れればしっかりとつかむことができるが、通り過ぎてしまうと頭がつるつるなのでつかむことができない。そして「チャンス」を可能にさせるのは、何回も失敗しながらもたゆまぬ努力を続けて、やっと身につけてきたあなたの実力と忍耐と感性である。「チャンス」が見えたら、何がなんでもつかみ取り、しがみつくことである。２度と現れることがないかもしれない「チャンス」を、自分の目標を達成するまで手から離さないのである。本書では、これを「チャンス」の定義として捉えていく。

冒険記の中でも触れるが、「チャンス」にはおおまかに言って、3種類ある。「単独のチャンス」、「短期のチャンス」、「長期のチャンス」である。

　「単独のチャンス」とは1回だけ訪れる「チャンス」であり、続きがあるようでない。

　「短期のチャンス」とは「チャンス」が「チャンス」を生んだり、「チャンス」の中に「チャンス」があって、「チャンス」がしばらく続く状態である。「チャンスの扉（幸運の扉）」が開いた状態となり、幸運が次から次へと訪れる。この時期に多くのことに挑戦していけば、どんどん成功していく。大成功を収めることもできよう。いわゆる人生の転換期でもある。その間、あなたはあらゆる面で守られた状態となる。

　「長期のチャンス」とは、数年またはそれ以上の長期間に及ぶ、大きな「チャンス」とそれを達成するために必要な、補助的な役割をもつ小さな「チャンス」が一連となって続くものである。その間、「チャンスの扉」は開いた状態となるが、小さい「チャンス」を1つ1つ乗り越えて達成しない限り、大きな「チャンス」を獲得することができない。しかし一連の小さい「チャンス」はタイミングさえつかめれば、簡単に達成できる。なぜなら、それらは「チャンス」と気付くものであり、手に届く範囲内にあるので、1度つかめば何をどうしたらよいのか直観的にわかり、活かすことができる。しかし、それが狂ってしまうと、総倒れしてしまい、大きな「チャンス」そのものを見失ってしまう。そうなれば「チャンスの扉」は自ずと閉まってしまう。だからその間、常に精一杯の努力をして、自分に実力をつけ感性を磨いていくことである。これらすべてが成功すれば、自分の人生におい

て非常に大きいことが達成できよう。またこの期間は、途中で大きな怪我や失敗をしない限り、あらゆる面で守られた状態が続く。

　「チャンス」が訪れたら、あなたの強い意志で、目的を達成するまで、絶対に逃さないことである。その間、自分を限定することなく、自分を向上させて、自分に自信をつけていく。また恐怖心があれば、それを興奮や夢などに変えて、打ち消していく。場合によっては、自らリスクに立ち向かって行く「リスクテーカー」になる必要もあろう。体力、精神力、資金力も必要である。

　しかし最も大切なのは、「人との出会い」である。それは自分が達成したいことを指導・協力してくれる恩師や協力者である。それも絶妙のタイミングで出会わなくては、「チャンス」がつかめないし、活かしきれない。そして実力と感性を磨いていくのである。私は、失敗、絶望、挫折を味わいながらも、自分の強い意志で努力し、感性を磨き、繰り返し挑戦して、「チャンス」をつかみ、地球３大冒険を成し遂げた。その様子を本書で紹介する。

深海への冒険

深海3800メートル、タイタニックへの旅路
(日本人初の沈没地点到達)

はじめに

　1997年にジェームズ・キャメロン監督の映画『タイタニック』を観たとき、私は深海にとてつもない大きな魅力を感じた。好奇心と恐怖心が混在した緊張感を味わい、時の流れが遅いことを感じ、暗闇の中に地上とは全く異なる美しさと神秘さを感じた。そして海底に沈没していても、不動の姿で直立しているタイタニックがあまりにも誇り高く美しく思えた。それからタイタニックを見たい好奇心が芽生え、それが将来の夢となってきた。そして10年もたたない内に、それが実現した。

　事の始まりは2000年、2回目に北極点に行った時のことである。同じ船にタイタニック潜水ツアーをしきりに宣伝している人が乗船していた。名刺をもらうと「エクスプローラーズ会長」と書いてあった。科学的調査をしている団体だ。その人によるとタイタニック潜水ツアーは、潜水艇に乗り、往復約13時間かけて海底3800メートルに沈没しているタイタニックを見に行く壮大な企画である。主催者は、ディープ・オーシャン・エクスペディションズ(Deep Ocean Expeditions〔DOE〕)。

　そのようなツアーがこの世に存在しているとは、またこの私がそのようなツアーを耳にすることができるとは……なんとなく運命の出会いのように感じた。もしこれに参加できれば、海底の神秘に触れ、かつ沈没しているタイタニックを見に行くことができる。しかし一般人の私でも本当に参加させてもらえるのだろうか。そして一体いくらするのか。タイタニック潜水ツアーだけで、日本円に換算すると約600万円。この金額におじけづいてしまい、その人の名前とディープ・オ

ーシャン・エクスペディションズの連絡先だけ聞いて、将来の夢とすることにした。

　その後、私はひたすらこの目でタイタニックを見たいと思い、心の中では深海への冒険を決意していた。それではいったいこの地球上で何人がタイタニック沈没地点に到達しているのだろうか。ディープ・オーシャン・エクスペディションズの数年前の統計によると、180人（内76名はディープ・オーシャン・エクスペディションズ主催のツアーによる）がタイタニック沈没地点に到達しているという。宇宙に行った人の数は500人前後というから、それより少ないことになる。本当に稀な機会であることに間違いはない。しかし、参加申し込み時点で、全額現金で支払うことになっている。また、たとえお金があったとしても参加させてくれるとは限らない。何らかの人選があるらしい。1回のツアーにつき、地球上でたった20人しか参加できないのだから。私は、ディープ・オーシャン・エクスペディションズに参加したい意思を2年かけて強く伝えた。私とメールでやりとりした方は、ベリンダさんという女性であった。

　ある日メールが届いて、2004年夏に潜水艇に空席があると連絡がきた。あと数カ月しか余裕がないではないか。急すぎる。というのも、実はお金が足りなかった。前年の2003年に南極点に行ったばかりの私には、金銭的な余裕がなかった。今後、数年以内にまた再度開催されるかどうかメールで尋ねたが、ディープ・オーシャン・エクスペディションズ自身もわからないという。海底まで潜る潜水艇はロシア製で、潜水艇のオーナーと契約を結んで初めて使用許可が下りるらしい。それもいつ契約できるかは、相手次第のようだ。よりにもよって、こんな重大な時に資金不足とは。冒険は立て続けにはできない。

お金と体力と心の準備が必要だ。しかし冒険のチャンスというものは、必ずしも準備できている時にやってくるとは限らない。ということは冒険を決めたら、いつでも行けるように常に準備しておくことが必要なのだ。体力的にも、金銭的にも、そして精神的にも。今回は、仕方がない。挑戦を次回に延期した。

　翌年の2005年の初め、またベリンダさんからメールが届いた。2005年の夏にタイタニック潜水ツアーが行われるという。私が本当に行きたいなら、名簿リストに名前を載せてくれるという。ツアー参加費用をまだ貯めきれてなかったが、私は何のためらいもなく、「Of course, Yes」とメールで返事した。その後のことは自分の運と努力次第であることは十分承知していた。運よく長期の通訳の仕事が入り、泊まり込みでしばらく働いた。その半年後にぎりぎりお金が貯まった。「チャンス」が「チャンス」を呼んでくれたのか。「チャンスの扉」が開いた瞬間だった。よし、これで行ける。タイタニックを見たいと思う私の冒険心が、多くのつらさや悩みや迷いを払拭させて、私をここまで導いてくれた。

　でも心配はいくつかあった。このベリンダさんという人をどこまで信用できるのか。数年間メールでやりとりしていたが、実際に会ったこともなければ、電話で話したこともない。会社の所在地がわかっているわけでもない。また支払いは、海外の銀行に全額振り込むので、金銭的トラブルがあれば取り返しがつかないことになる。私はベリンダさんに、今の自分の気持ちを正直に伝えた。すると彼女はわかっているかの如く、「私からあなたに電話するから安心しなさい」と言ってきた。そして彼女が指定してきた時間に電話がかかってきた。オーストラリア英語のアクセントが懐かしく感じられた。なんと彼女はオ

ーストラリア人の女性で、何度もタイタニックの潜水を企画しているという。とても優しい口調の話し方だった。乗客船、潜水艇、クルーもすべてあの映画『タイタニック』と同じ人達であることも説明してくれた。人を疑ってはきりがない。「あなたの強い意志が、あなたの運命を変える！」である。迷っていても、何も変わりやしない。自分の運命は自分で切り開かなくてはならない。自分の勘を信じ、自己責任をとることにし、彼女にすべてを託した。そしてベリンダさんに船内で会うことを約束。北極点に２回到達、南極大陸へ３回到達を果たした私は、タイタニック沈没地点到達が、私の人生で避けて通ることができない大冒険であった。その「チャンスの扉」は今完全に開いたのだ。

タイタニックとは？

　それでは簡単にタイタニックの説明をしよう。タイタニック（R.M.S Titanic）は20世紀初頭に建造された豪華客船である。R.M.S.とはRoyal Mail Ship または Steamer の略である。イギリスの海運企業であるホワイト・スター・ライン（White Star Line、創業1870年）社が所有していた船。全長268.8メートル、全幅27.7メートル、総トン数46328トン、速力23ノット（42.6キロ）、乗員数は約2200人。
　タイタニックはその構造から「不沈船」として知られていた。船体は、防水隔壁で16の区画でできており、そのうち２区画は浸水しても沈まない構造になっている。隔壁は船橋から遠隔操作ですぐに閉鎖できる仕組みになっていた。
　タイタニックは1912年４月10日、イギリスのサウサンプトン港から

処女航海に出航。スミス船長以下乗員乗客2200人以上を乗せて、アメリカのニューヨーク港に向かった。4月14日深夜に北大西洋ニューファンドランド沖（カナダ）を航海中に、氷山に遭遇。発見したときは手遅れで、氷山に衝突。翌日未明にかけて沈没した。1500名以上もの犠牲者を出し、当時の世界最悪の海難事故となった。

海底に沈んだタイタニックは横転しておらず、船底を下にして沈んでいる。第3煙突付近で引きち切られており、船体が2つに折れている。衝撃や90年以上に及ぶ腐食にも耐え、今でも沈没した同じ場所に沈んでいる。かつては「夢の船」といわれていたタイタニックは、今では大西洋の海底3800メートルに静かに眠っている。しかし鉄を消費する海底のバクテリアの活動は激しく、既に鉄材の20％が酸化して、2100年までに崩壊消滅するとの予測もある。

冒険への準備 ── それが既に冒険である ──

しばらくすると申込書、日程表、同意書、健康診断書などの必要書類が届いた。英語の診断書を書いてもらえる医師を探して、健康診断を受けた。健康状態が良好であることを確認。必要書類すべてを記入して返送した。どきどきしながらも、海外送金で大金を払った。その後に、準備リストや集合日時など、多くの情報が送られてきた。まず、タイタニック沈没地点へ行くには、カナダ東端のニューファンドランド島へ行かなくてはならない。そこの港から乗客船に乗って、タイタニックが沈没している海上まで航海し、その後、潜水艇に乗船して、沈没地点へ潜水していく。私は、日本からカナダのニューファンドランド島セント・ジョーンズ空港までの航空券を購入。準備リスト

には船内の服装、潜水艇内の服装などがこと細かく書かれていた。船内は普段着で、潜水艇内は、宇宙飛行士が着用するような上下が1つにつながったジャンプスーツが与えられるので、それを着用。必要なのは、その下に重ね着する下着と衣類だった。もちろん、カメラのこともこと細かく書かれていた。一生に1度のシャッターチャンスがたくさん待っている。アドバイスに従って、私は船内に一眼レフデジタルカメラ、コンパクトデジタルカメラ、ビデオカメラの3体もっていくことにした。一眼レフデジタルカメラはキヤノン製のものを新たに購入、タイタニックを撮影するメインカメラとして使うことにした。コンパクトデジタルカメラは船内やそれ以外の撮影に使用することにした。これらすべてはバッテリーの持ち時間や撮影可能枚数を考えての、私なりの策である。忙しい撮影になりそうだが、これ以上準備できないほど念入りに準備した。しかし、潜水艇の窓があまりにも小さく撮影が難しいことは、現地に到着するまでは知る由もなかった。また準備中に、海外旅行保険の問題があることがわかった。このような特殊な潜水艇ツアーは、普通の海外旅行保険の対象外だ。だから特別な保険が必要だ。数社調べてから、AIU海外旅行保険会社に特別な保険を作ってもらい、加入した。AIUに感謝したい。

タイタニック沈没地点へ出発

■ 2005年7月6日（水曜日）

　成田空港からカナダ東端のニューファンドランド島セント・ジョーンズ空港まで、およそ丸1日かけて飛行。時差の関係で同日の夜中過ぎに到着。指定されたフェアモントホテルにチェックイン。フロント

の人に今晩と翌日の予定を聞いたが、明日朝食後にホテルロビーに集合するとだけ言われた。ベリンダさんはホテルにいないとのことだ。今日は誰とも会えないのかと不安に思ったが、周りを見回すと私と同じようにチェックインして質問している人がいた。皆わけがわからないままホテルにチェックインしているようだった。「こういうものなんだ」と自分自身を半分慰めながら、部屋に行き床についた。

■ 2005年7月7日（木曜日）

　朝、起きてホテルの窓を見ると港が一面に広がっていた。そして港には白い大きな船が停泊していた。あの船に乗って行くのか……不安と興奮を胸に、腹ごしらえをしに行った。レストランにはたくさん人がいた。この中には一緒にあの船に乗って潜水する人がいるのだろう。そう思うと、ここにいる人達とも仲間意識が芽生えた。

　朝食後ロビーへと向かった。人がだんだんと集まってきた。1人1人どういう人かなぁと興味津々で見ていた。周りを見れば子供から若い人、中年から高齢者まで集まっている。しばらくすると声がかかった。待ちに待った一声である。「タイタニック潜水ツアーに参加する皆様方、ここにお集りください」。ロビーにいた数十名の人たちがそこに集まった。ツアーリーダーらしき人が今日の予定について説明。いわゆる探検リーダーである。これから荷物を整理してチェックアウト。すべての荷物を持って午後3時にホテルロビーに再集合とのこと。大きな荷物は直接船に運ばれ、私達は島内観光ツアーに参加。ツアー終了後に港へ移動し、船に乗船する。

　午後3時に島内の観光ツアーが始まった。イギリスから運ばれて来た英国式の赤の大型ダブルデッカーに乗って島内を1周。ガイド付き

ロシア船アカデミックキルディッシュ号

の本格的な観光だ。途中でニューファンドランド灯台へ立ち寄った。白いきれいな灯台だ。その近くに各方面への標識があり、その1つに「Titanic 453 mile」と書いてあった。ここからタイタニック沈没地点まで453マイルということだ。航海すると丸1日はかかる距離だ。観光の間は、これから船で共に生活する人たちと親しくなれるチャンスであった。早く気軽に話ができる友達を作りたいと思った。男女共、1人で来ている人が多かった。

そして午後5時にロシア船アカデミックキルディッシュ号（Academic Mstislav Keldysh）が停泊しているニューファンドランド港に到着。すぐに乗船が始まった。その船はまさにジェームズ・キャメロン監督の映画『タイタニック』が撮影された白い船であった。ロシアの海洋学調査船で、1981年にフィンランドで造船。仕様は、全長：122.2メ

ートル、喫水：5.89、巡航速度：10.5ノット、最高速度：12.5ノット、馬力：5840馬力、船幅：17.82メートル、総トン数：5543トンである。船長はゴルベック氏で、ロシア人である。海洋学調査船としては世界で最大規模である。潜水艇を船から吊り上げて海上に下ろすクレーンや巻き上げ機など、目をみはるほどの機械が勢ぞろい。右舷のデッキには2台の潜水艇がある。ハンガーとよばれる倉庫に保管されている。

　乗船すると、クルー達が迎えてくれた。その中にベリンダさんが……。お互い会ったことがないのに、なぜだか目が合うとわかった。「Are you Belinda?」「Are you Masayo?」2人は自然と抱き合った。何年も会ってない、久しぶりに出会った友のように。数年間に及ぶメールのやりとりは、私とベリンダさんとの絆を強くしていたのだ。この人が自分の「チャンス」を可能にしてくれた人だ。私もこれで緊張感がとれて、ほっとした。

　その後、船員が船室（キャビン）まで案内してくれた。1人部屋であった。長期的観測船ということもあり、船室は思ったより広く快適であった。でも荷物がなかなか届かない。というのは、船にはエレベーターがないのだ。荷物はポーターが手で1つ1つ運ぶという。しばらくたってから荷物が届いた。荷物の整理が終わった頃、ティータイムの時間となった。デッキ4に集合。ケーキ、クッキー、飲み物がたくさん用意されていた。もちろん食べ放題。あれもこれも食べたいと思い、おもわずたくさん食べてしまった。でも食べたいものはまだたくさんあった。心配ご無用！　このティータイムは今後10日間毎日続けて出されるのだ。

　午後7時に、デッキ7のバーで歓迎会が開かれた。バーといって

も、ここは講義室でもあり、劇場でもあり、ラウンジにもなる多目的室といった感じだ。そこでスタッフの紹介があった。アルコールが手渡され、ディープ・オーシャン・エクスペディションズのオーナーであるマイク・マクドウェル（Mike McDowell）氏が登場。私達に歓迎の挨拶をした後、会社とスタッフの紹介をした。ここでベリンダ（Belinda Sawyer）さんの登場。彼女はディープ・オーシャン・エクスペディションズに長く勤めるコーディネータであった。彼女は予定変更で出発する前に下船することになった。彼女の代わりに、彼女のパートナーであるロブ・カルム（Rob McCallum）氏が船に残り、探検リーダー（Expedition leader）となる。ベリンダさんがいなくなるのは寂しいことだが、何回もお礼を言って別れを惜しんだ。本当に私が必要な時だけ、絶妙のタイミングで現れてくれた人であった。

　船内医師の紹介もあった。船内に医師がいるのはありがたいが、できればあまりお会いしたくない人だ。次に紹介されたのは、科学者でありミールの産みの親（実際に設計された）でもあるアナトリ・スガルビッチ博士（Anatoly Sagalevitch）であった。今回のツアーにおける最重要人物だ。潜水艇とその運行などすべてを知り尽くし、舵とる人物だ。ロシア語なまりの英語で「キルディッシュ号をあなたの新たな家と思ってください。またロシア人の乗組員を家族だと思ってください」と一言挨拶。なんとなく親密感を感じた。しかし、彼の顔はなんとなく馴染があった。映画『タイタニック』の冒頭に潜水艇操縦士として登場しているのだ。他にも生物学者など多くの乗船スタッフの紹介があった。

　出航時刻は夜の8時。ニューファンドランド島の岬からタイタニック沈没地点まで約590キロ。その航海が始まった。皆デッキに出て、

しばらくの間ニューファンドランド港との別れを偲んで、記念写真を撮った。船は港から大西洋へと向かった。

夜に歓迎夕食会が行われた。シェフの紹介や船内スタッフの紹介があった。シェフはオーストリア人とドイツ人で、ウエイトレスやベッドメイキングはロシア人である。歓迎夕食会は4コースで、サラダバーやお酒類がたくさん用意されていた。私は、お酒が飲めないので残念。そして参加者同士でおしゃべりして、出身国、今まで訪れた国々のこと、タイタニック潜水ツアー参加のいきさつや目的など語り合った。スタッフを入れた32人の国籍は、アメリカ、イギリス、カナダ、ドイツ、オーストリア、ラトビア、ロシア、ニュージーランド、オーストラリア、日本、南アフリカであった。なんと国際色豊かなこと。またいろいろな職種の人達がいた。これで楽しみが一段と増えた。この32人の内、20人（内2人がスタッフ）が潜水艇に乗船する。

夕食後、午後9時過ぎから映画上映。バーも夜遅くまで開いていたが、私はキャビンに戻ってすぐに寝ることにした。

■ 2005年7月8日（金曜日）

この日、朝7時に船内放送でたたき起こされた。クルーへのロシア語のモーニングコールだった。実は、これは毎日続いた。でも朝食は朝7時半なので、これに合わせて起きればちょうどよかった。朝食はビュッフェスタイル。新鮮なパンやペストリーがずらり。この船にいればお腹がすくことはないとひと安心。却って太ることが心配になった。

この日から、避難訓練、カメラやビデオ撮影のヒントや専門家による海洋学やタイタニックの講義、潜水艇の説明と乗船体験、質疑応答

などが行われた。また潜水の順番が発表された。私は潜水初日の１人となった。デッキの上では潜水艇の整備が休むことなく行われていた。乗組員には休みはないのだ。潜水艇の名前は「ミール」。ロシア語で「平和」を意味する。ミールはミールⅠ号とミールⅡ号と２艘ある。この潜水艇も映画『タイタニック』に登場しており、実際にジェームズ・キャメロン監督も乗船し、映画の撮影にも使用されたものだ。ミールは全長7.8メートル、幅3.6メートル、重さ18.6トン、定員３人（操縦士１人を含む）の大きさ。船内は直径2.1メートルと狭いが、この種の潜水艇としては標準の大きさである。約6600メートル（20000フィート）まで潜水でき、世界の97％の海底を網羅している。

　最初の講義はアナトリ・スガルビッチ博士による潜水艇の説明であった。この潜水艇を使用して行われたタイタニックの研究、『タイタニック』の映画撮影、海洋調査など、過去から現在に至るまでの活動、潜水艇の仕様や特徴について話してくれた。また彼は潜水艇の操縦を30年以上している世界で最も経験豊富な潜水艇操縦士でもある。今回、潜水艇操縦士は４名いる。説明の後、最初に乗船する８名をミールの中へと案内してくれた。

　ミールの入口は狭く入りにくいものの、船内は足を伸ばして横になれるほどの余裕はあった。荷物を足元か座席の後方におくので、大きさを考えなくてはならない。もちろん荷物には制限があるので、それを越えないように重量も考えなくてはならない。船内の窓は真ん中が200ミリ、左右に120ミリと３カ所ある。このような窓から写真やビデオ撮影するのは至難の業だと思った。いろいろと試してみたが、これ
ばかりはやってみないとわからない。

　午後にスタッフの１人であるドン・ウオルシュ（Don Walsh）氏が

「私達周辺の海、世界の海」について講義をした。その後に、海底で行うある実験の説明があった。それは発泡スチロールのカップを使った実験である。まずこのカップに、油性のマジックで文字や絵を描く。自分の作品を作るのだ。それを潜水艇の外につけてある網の中に入れて、海底まで持って行き、それを海上まで引き上げて、発泡スチロールのカップがどのように変形しているか調べる実験だ。完全に破裂するのか、それともある程度の形を残すのか……どういう形や絵に変わるのか、持ち帰るまではわからない。見てのお楽しみ。

このツアーの名物のお土産らしい。各自が記念品やお土産として持って帰れるように、なんと1500個の発泡スチロールのカップが用意された。実際に、博物館に展示されているほど、珍しい品である。私はタイタニックの絵や自分の名前など思いを込めて描いた。

午後4時にカロリーたっぷりのティータイムを楽しんだ後、緊急避難の説明と避難訓練が行われた。もちろん全員強制参加で、参加後は署名をして参加した証拠を残すのだ。2等航海士と探検リーダーのロブが救命胴衣の使い方、救命ボートの場所と乗り方を説明してくれた。実際の訓練では、自分のキャビンへ戻り、暖かい服に着替えて、救命胴衣を身につけて、各自、デッキ7にある救命ボートに集合した。実際に救命ボートにも乗った。救命ボートは2艘だけなのでこれに全員乗るにはあまりにも混雑しすぎた。

午後6時にプロのカメラマンであるラルフ・ホワイト（Ralph White）氏による「タイタニック1910—2005」と題する講義が行われた。彼はジェームズ・キャメロン映画監督の助手として、映画『タイタニック』の撮影に深く関わった人物であり、文字通り「経験を語る」人であった。タイタニックの過去から現在まで、また『タイタニ

ック』の映画撮影の裏話など、興味深い話をしてくれた。

　午後7時半に夕食を食べて、夜に上映される映画を見ずにすぐに寝た。幸いにも、船がそれほど揺れることがなかったので、船酔いはしなかった。また船内にはWiFiがあり、インターネットが無料かつ無制限で使用できる。つまりメールのやり取りやスカイプもできるのだ。これで家族や友人とも連絡ができる。

タイタニック沈没地点の海上に到着

■ 2005年7月9日（土曜日）

　いつも通り、朝7時のロシア語のモーニングコールで目が覚めた。朝8時15分にタイタニック沈没地点の海上に到着。ロブが皆をプールのあるデッキに招いた。ここで亡くなられた1500名ほどの犠牲者の冥福を祈った。この場所で、今後6日間にわたり、20人が海底に沈没しているタイタニックまで潜水艇で行く。潜水の順番が詳しく発表された。潜水艇にパイロット1人と乗客2人が乗り、潜水艇が2艘ペアになって潜水する。1艘目が最初に、それから30分後に2艘目が潜水する。潜水する人は合計で20名なので、天候と潜水艇に問題がなければ、合計で5日間の潜水工程となる。念のために、予備の日程はとってある。私は第1日目の第1潜水艇に乗りこむことになった。順番からいってNo.1である。同行者はアメリカ人の女性であった。そして操縦士は、アナトリ博士自身である。

　この日の大きな作業は、トランスポーダー（潜水艇と船が無線通信する送受信機）を半日ほどかけて海底に沈めて、潜水艇と船とが交信ができるよう準備をすることだった。潜水艇はGPSを使用してトラ

ンスポーダーの位置を確認しながら浸水する。これが海底への航路に不可欠であることは承知の通りである。そしてすべてが終わった後に、また半日ほど時間をかけて引き上げる作業が続く。この日、私達参加者は、講義でいっぱいの1日となった。

　最初の講義は朝9時からで、ラルフ氏が彼のタイタニックのストーリーの続きを話してくれた。朝10時、私を含む最初の潜水する8名がミール潜水艇に案内され、再度説明と乗船体験をした。潜水艇の乗船というものがどういうものなのかなんとなくわかってきて、興奮がわきおこってきた。

　お昼の前に、『Ghosts of the Abyss』の映画が上映された。しかし、この頃から皆、発泡スチロールのカップに絵を描き始めた。最初は空いている時間に描いていたが、それがなんと時間がかかること。またカップは丸味を帯びているので、うまく書けなく、よく失敗する。だからもっと時間が必要になってきたのだ。映画を観ながら作品づくりに熱中。次に、講義の時間に、皆必死に発泡スチロールのカップに絵を描き始めた。私も実はその1人であった。私にとって講義は少し難しすぎたので、講義よりも友人に渡すお土産をたくさん作ることに専念した。皆が作品に夢中になっていたので、講師がそれにあきれて、講義が中断されることもしばしばあった。そうこうしている内に、私は合計で40個ほどのカップを仕上げた。書けば書くほど上手になる。自分なりに満足のいく作品がたくさんできた。

　しかし、1つだけ手が止まった講義があった。それは海底に生息しているという「ジャイアントスクイッド（巨大イカ）」に関する講義であった。海洋生物学専門の若い講師が、必死に巨大イカの説明をしていた。その熱心さについ手が止まってしまった。でもそのイカが存

在している証拠もなければ、本人が見たわけでもない。実際には見た人は誰もいないとか。しかし本人は実在していると確信。そして最初に潜水する私に対して、「もし巨大イカが現れたら絶対に写真かビデオを撮るように。もし撮れればあなたは億万長者になれる。それだけで一生食べていける。僕が行けないのは非常に残念だ」と言ってきた。私はあっけにとられて、彼の言葉を聞いていた。彼の熱意にはひかれたが、結局、私にはどうでもよいことだった。海底まで行って帰ってくるだけで、精神的にも肉体的にも精一杯なのに、イカの写真を撮ることなど、どうでもよかった。写真を撮るのはタイタニックなのだ。イカではない。

　それはさて置き、昼食後の午後２時に、ドン氏が「海底への探検の歴史」について講義をしてくれたが、お腹がいっぱいで睡魔に襲われ……結局ほとんどの人が寝てしまい、昼寝の場と化してしまった。

　続いて、潜水行程と注意点についてアナトリ・スガルビッチ博士とスタッフから説明があった。行程は以下の通りである。潜水日の朝に、簡単に潜水艇スタッフとの顔合わせや説明がある。その後に、ジャンプスーツに着替える。潜水艇の上部まではしごで上り、そこで靴を脱ぐ。靴は持ち運ばずに、スタッフに渡す。荷物はスタッフが艇内に入れてくれるので、自分で運ばなくてよい。その後、潜水艇はクレーンで吊るされ、海面に降ろされる。そして海面で待機しているゴムボートに乗っているクルーが潜水艇とクレーンのつなぎロープをはずす。そして潜水艇は徐々に沈んでいく。この時間は約30分。

　潜水艇は約２時間かけて3800メートルの海底へ、大きな渦巻きを描きながらゆっくりと潜水して行く。目的地はタイタニックの船首。トランスポーダー経由で船と無線でやりとりしながら、目的地に向けて

潜水。船首についたら、タイタニックとその周辺を約5時間かけて周遊。その後また2時間ほどかけて、海面へと上昇し、船へ戻る。合計で12時間ほどの深海への旅路である。

　注意事項として、まず化粧をしてはならない。理由ははっきりと聞かされてないのだが、船内の換気、空気やメカに関わることらしい。でも私は困る！　きれいに化粧して一生に一度の大冒険の写真を撮りたかったのに。そばかすが目立ちすぎてしまう……ノーメイクだなんて！　でもその方が、本当の冒険の姿が撮れてよいのかも……。ショックを受けたのはそれだけではない。また船酔い薬も禁止。これは私にとって非常に耐え難いことだ。いくら自称「冒険家」と言っても、私は船に弱いのだ。思い返せば、最初に南極半島へ船で行った時、私は酔い止め薬を飲んでいたにもかかわらず、ドレーク海峡を航海している2日間、ひどい船酔いでベッドの中で寝たきりの状態だった。食事も全く摂れなかった。これにこりて、その後は船内でも毎日欠かさずに酔い止め薬を飲むようにしている。今では酔い止め薬に頼らずに船に乗ることは考えられない。それなのに、飲んではいけないとは……なんと過酷な状態。

　なぜ酔い止めの薬を飲んだらいけないのか。「薬は何であっても持ち込み禁止」という説明だけだった。人の安全性の観点からだという。あきらめるしかない。ちょうど持ち合わせていた船酔い止めのブレスレットは持って行ける。潜水艇が海面から潜水を開始するまでの間に酔うという。潜水してしまえば、安定するので酔わないらしい。そうだ！　これも冒険の1つだ！　お腹を枕か何かで押さえつけて、前かがみになって頭を下げて、口を押えて耐えようと決心した。

　最後に、アナトリ博士は自信ありげに、次のように言った。「皆様

を深海に眠るタイタニックまで案内しますので、心配することなく大いに楽しんでください」。そして、「我々のもっとも大切な仕事は、皆様を無事にこの船まで連れ戻すことです」と言った。参加者の不安が一斉に和らいだ。私もまさにその1人であった。数年にわたり努力してここまでやってきて、不安も拭い去ったつもりであったが、潜水の時期が近づくにつれて不安がよみがえってきた。過去に北極点や南極点へ行った際には、入念に準備し知識を得ることで不安を払拭し乗り越えてきたが、深海への旅路はなぜだかそうはいかない。今までとはまったく異なる体験だからなのか、それともすべてを潜水艇のテクノロジーと操縦士の腕にまかせて、この逃げ道のない小さな艇に乗ることへの恐怖なのか。しかしこの言葉で、不安が興奮へと変わり、潜水が待ち遠しくなった。

　最後に、質疑応答の時間が設けられた。多くの手が挙がった。皆たくさん質問があったのだ。共通していた質問は1番の不安材料である「トイレ」のことである。潜水艇にはトイレはない。尿瓶のようなもので用をたさなくてはならない。幸い同行する人は同じ女性なのでそれほど気にしなくてもすむが、操縦士は男性である。しかし説明をしてくれるのは彼だ。心配はない。そして、質問の回答は意外なものであった。過去潜水した人たちの多くが13時間ほどトイレを我慢できたという。でもそのやり方は自分で考えるようにとの回答だった。人によって体質が異なるので、これといったやり方はないという。これで宿題が増えた。何人かと話をして自分でできそうなやり方を考えた。まず前日のお昼は少し多目に食べる。その後運動をして、食べたものをその日の内に排泄する。夜寝る前に水分を補給すべく水を多めに飲む。その水分も朝出発する前には排泄する。そして胃腸と膀胱をなる

べく空にし、頭のなかで両方とも空であることをインプット（頭の中に情報を入れること）する。後は精神的にコントロールするだけである。これでうまくいくかどうかはやってみなくてはわからないが、これだけ考えて準備するだけでも、トイレへの心配は薄れ、自信がついた。

　その他の質疑応答を簡単に紹介しよう。

質問：おトイレに行きたくなったらどうしたらよいですか。
答え：「尿瓶をください」とパイロットに頼めば渡してくれます。
　　　あとはご自由にどうぞ。

質問：海面で船酔いしたらどうしたらいいですか。
答え：耐えるだけですよ。がんばってください。

質問：寒くはないですか。
答え：温度は常に摂氏18度に保たれているので、それほど寒くは感じません。分厚い靴下や暖房着も艇内に用意してありますので、寒くなればいつでも着用できます。寒く感じたり、暑く感じたりするので、薄めの衣服を重ね着して、暑ければ脱ぐ、寒ければ着るといった具合に、自分で調節してください。最後に、艇内は湿気が多いので、水しずくがたれるかもしれませんと一言。

質問：潜水病になりませんか？

答え：艇内は常に気圧1バールで保たれているので、心配御無用。

質問：写真やビデオ撮影は十分にできますか。
答え：窓が小さいですが、いつでも好きな時に撮影できます。遠慮なく、パイロットに声をかけて下されば、パイロットの正面にある大きい窓から撮影できます。絶好のシャッターシャンスを逃さないように。

質問：人骨はまだありますか。見れるのですか。
答え：人骨は海水で既に解けており、存在していません。海水に浸されると、骨と言えども長くはもちません。

　次に出た質問は、誰もが聞きたくても聞くことを躊躇していた、いや恐れていた質問である。それは……「事故が起きたら、私達はどうなるの？」という質問であった。誰かが勇気を出して質問した。ざわめいた声が一瞬にして消え、あたりはシーンとした。皆が一斉に関心を持ち始めた。私も聞きたかったが、知らない方が良いのではないかと思っていた。実は本当のことを言うと、誰かが聞いてくれることを願っていた。皆同じことを考えていたのだ。事故があった場合、自分の最後がどうなるのか知りたかったのだ。死ぬ前の覚悟というか……自分の最後がどうなるのか知っておきたいという奇妙な心理は、誰もがもっているのであろう。回答はすぐに出た。「潜水艇が海底にいる時に、何等か事故で艇内部に海水が入ったら、水圧のために一瞬の間に水がナイフのように体を切り刻み、傷みを感じることなく、すべてが終わってしまいます」と。聞いた方が良かったのか、悪かったのか

……いずれにしても恐怖心を消すことなどできないのだから、仕方がないと考えた。「海底で何かしたいことを考えておいたらいいですよ」というアドバイスもあった。私はひたすら写真を撮ること、それも潜水艇の窓からタイタニックの船首の写真をきれいに撮ることを目標に決めた。成功する率はあまりないかもしれないが、それにかけようと思った。

　写真撮影についての講義もあった。いろいろと説明はあったが、1回では覚えきれなかった。それでプロのカメラマンであるラルフ氏に個人的に教えてもらった。私が理解したところでは、要するに、生（RAW）で撮影し、あとでPhotoshopを使って編集すれば海水の青い色が取れて、画像が鮮明に浮かび上がるという。そして生のRAWとJPEGが同時に2枚撮影できる設定が1番安心だという。タイタニック撮影専用カメラである一眼レフデジカメを、そのように設定しようと決めた。2ギガ分の容量があったが、失敗した写真はなるべく直ぐに消すようにして、最大限の容量が使えるように心がけた。ついでにカメラの設定もお願いした。ビデオは海水モードに設定した。デジタルカメラとデジタルビデオとも、バッテリーの予備も用意した。これで写真撮影の準備は無事に完了。トイレや撮影などの細かい直前の準備が、来たるべき大冒険への緊張感や不安を取り除く唯一の方法であることは、よく知っていた。だから聞くだけ聞いて、不安を1つ1つ解消していった。これで精神的な準備もできた。出発前日は、お昼をたくさん食べて、運動をして、その日に排泄。夕食は抜きにして、水分をたくさん補給。早く寝ることにした。Have a sweet dream!

タイタニック沈没地点到達

■ 2005年7月10日（日曜日）

　朝6時前に目が覚めた。ぐっすりと眠れたものの、興奮と緊張のあまり朝5時くらいに目が覚めた。昨晩は夕食をとばしたのに、不思議とお腹はすいてなかった。緊張で空腹を感じなかったようだ。体調は良好。水分を補給すべく、お水をコップに軽く一杯飲んだ。そして運動着に着替えて、船のデッキの後方へ軽く運動をしに行った。青空が広がっていた。風もあまりなく、海が静かであった。

　デッキの上方を見ると、なんとこれからパイロットとして操縦するアナトリさんらが、簡単な運動やバスケットボールをして、体調を整えていた。さすがだなぁ。「Good Morning」と言って、皆に挨拶すると、「Good Morning, how are you?」と挨拶してくれた。これから13時間近く潜水艇の中で座ったままになるので、今体を動かしておくことは必要だ。あまり話はしなかった。というよりも、一生懸命に体調を整えているアナトリさんのお邪魔をしたくなかったからだ。見よう見真似で同じような運動しているだけで、なんだか体がほぐれたように感じた。それから潜水艇を見に行った。担当者が入念に最終チェックを行なっていた。

　その後に、キャビンに戻って、肌着、フリース、タイツ、靴下など事前に説明があったように身に着けた。その上に指定のジャンプスーツを着用し、士気を高めた。なんだか宇宙飛行士になった気分だった。

　朝8時にスタッフとのミーティングが行われた。ミールⅠ号が朝9

時15分に、ミールⅡ号が朝10時に出発することが決まった。潜水艇のミールⅡ号にはアメリカ人が乗り込む。酸素マスク、サンドイッチ、果物、菓子類、飲み物、防寒具の用意もしてあるとのことだ。荷物は最小限にするようにとのことだった。チームメンバーの紹介もあった。その中には技術者や、潜水艇をクレーンで吊り上げ、海上に降ろすクレーンオペレーター、潜水するまでの準備を行うスタッフも全員そろっていた。皆ロシア人である。この作業にはチームワークが不可欠だ。10分程度で終わってしまったミーティングだが、私は心から不安が消え、興奮に満ち溢れていた。一旦船室にもどり、最後のトイレを済ませた。

8時45分にミールⅠ号の乗り場へと向かった。するとアナトリさんが潜水チームにいろいろと指示を出していた。彼は出発間際まで忙しいのだ。スタッフたちに簡単に挨拶して、アナトリさんと軽く話をした。アナトリさんは、「今日は海が非常に静かなので、海上で潜水艇がゆれることはあまりなさそうだ。潜水は楽だ。ラッキーだよ」と言ってくれた。海をよくみると波は高くなさそうだった。出発前に写真撮影とビデオカメラによるインタビューが行われた。

撮影担当はロシア人のユリ氏、ビデオ担当はセルゲイ氏。その後も彼らは一部始終、潜水や船上の撮影をしてくれた。

私が乗船するミールⅠ号は、第1回目の潜水ということもあって、仲間のほぼ全員が潜水艇を見下ろすことができるデッキ5から声援を送ってくれた。はしごを上り潜水艇の1番上のハッチまで来ると、「Masayo!」「Masayo!」と大きな声援が聞こえた。私は第1番目に潜水するので、「No.1」というジェスチャーをし、大きく手を振り、その声援に応えた。すると声援は、Masayo No.1と一斉に始まった。カメ

潜水艇へ乗り込む

ラのフラッシュが自分を包み込み、ビデオカメラが自分を追っている様子が見えた。まるでスペースシャトルに乗り込む宇宙飛行士のようで、一時ヒーローのような気分を味わった。自分が光り輝いた一瞬だ。

　その後、靴を脱いでケースの中に入れ、60センチの狭いハッチをくぐり、座席に足をついた。既に何回か試乗していたので、どうすればよいかわかっていた。その後荷物が手渡され、私はそれを座席の後方に置いた。アナトリさんは最後に乗船した。その途中で皆が大笑いしているのが聞こえた。何をしていたのだろうかと思ったが、後でビデオを見てわかった。アナトリさんは、潜水艇に入る直前に、頭だけ出して、歯をむき出しにして「ニャー」と笑うのだ。なんらかのおまじないらしい。

　それから直ぐに、ハッチが閉められた。そして潜水艇はクレーンに

吊るされて、海の上に降ろされた。そこにはカウボーイと呼ばれる３人組がゾディアック（ゴムボート）に乗って控えていた。その１人が潜水艇の頭上にジャンプしてクレーンと潜水艇をつないでいる揚力線（潜水艇を吊り上げたり、持ち上げるロープ）のフックをはずした。そのシーンが窓から見えた。波が揺れる中、行われるその作業は走行している馬から馬へとジャンプするほど難しいと言われる。だから彼らはプロのカウボーイ集団なのだ。カッコイイ！　戻ってきたらどれだけ恰好よいか顔を拝みたいと思った。

　クレーンにぶら下がっている潜水艇揚力線は、すぐ船内に引き戻された。そして潜水艇が船の近くで潜水を開始しないように、ゾディアックはロープで潜水艇を船から45メートルほど遠くの海上へ引っぱって行った。その上には先ほどのカウボーイが立っていた。このように多くの方が携わって初めて実現する潜水艇ツアーなのだと知り、潜水チームに対し感謝の気持ちが湧き上がってきた。

　潜水艇の上部でロープを外している10分間だけ潜水艇は揺れたが、酔うほどではなかった。そしてあっという間に下降し始めた。タイタニック沈没地点まで約２時間に及ぶ深海への旅路の幕が開いた。

■ 9時45分

　潜水艇の窓から海の様子を見ていると、水の泡が上昇している様子がよく見えた。数百メートルほど潜水すると太陽の光も途絶え、窓の外の景色は真っ暗になった。潜水艇は安定しており、揺れもまったく感じなかったので、本当に潜水している実感がなかった。まるで窓だけが暗い布で覆われ、潜水艇自体は停止しているようにさえ思えた。でもアナトリさんの説明によると潜水艇は渦巻きを描きながら徐々に

潜水艇ミールⅠ号の中

下降しているという。潜水艇内の温度計は摂氏18度を示していた。まったく寒さを感じることはなかった。

　アナトリさんの巧みな腕で操縦が続けられ、海上との連絡も密に行われた。時々船外の明かりをつけては海の中の様子を見せてくれた。潜水のレベルと位置は、前方、側面、後方のレーダーや数字で確認できる。最後の桁数の１メートル単位は数秒ごとに変わっていった。レーダーでタイタニック船首の位置を確認すると、そこへ向けて下降した。

　探索の順序は以下のとおりである。最初に船首を見て、それから前方の船上、客室、大階段、操舵席、通信室を見て周り、その後に船尾へと航海し、エンジンルーム、スクリューと約５時間かけて周遊する。途中、潜水艇をどこかに止めて、ピクニックランチもするとか。

もちろん食べ物や飲み物を控えたい私にとっては、そんなことはどうでもよかった。いずれにしても深海でピクニックランチを楽しめるほどの精神的余裕は、私にはまったくなかった。

　2000メートルほど潜水すると、少し寒く感じ始めた。しかし温度は18度を少し切れるくらいであった。アナトリさんが座席の後方に防寒着があることを教えてくれ、とりあえず靴下だけ履くことにした。まるでサンタクロースのプレゼントを入れるような大きく口があいた暖かい靴下だ。でも色は青。それを履くと体全体が温かくなり、なんとなく安心した。しばらくすると眠気がしてきた。「寝てもいいよ。着いたら起こしてあげるから」とアナトリさんは言う。が、寝る気分にはなれなかった。というのは、実は、彼自身も時々うとうとしていたので、少々潜水艇のことが気がかりだった。もちろんこれはまったくの取越し苦労であったが。ときどき船内で写真を撮ったり、ビデオ撮影をした。しかし回りに撮るものが少なかったので、自然に手が止まった。潜水艇がまったく揺れることもなく安定していたので、やはり少し休むことにした。

　しばらくして目をさますと深海のレベルが3000メートルに達していた。あと800メートルでタイタニックに到着する。船首の位置に降りられるようにと、潜水艇の位置を多少修正。それから30分くらいしてから北大西洋の海底に到達した。軟着陸であった。

■ 12時半ごろ

　潜水艇の外の照明をつけた後、3800メートルの北大西洋の深海に潜水艇の足が着いた。生まれて初めての海底への着地である。深海の魚達が私達を迎えてくれた。こんなところにも魚がいるのかと不思議に

思った。あたりにはヒトデやカニのような生物もいた。

　しばらくすると待ちに待ったタイタニックが見えてきた。船首である。潜水艇の光が当たって鮮明に見えた。周りはまったくの暗闇である。写真やビデオが撮れるか心配であったが、照明は十分に明るく、心配はなさそうだった。目的は船首の写真とビデオを撮ること。それに30分以上も費やしてしまった。するとミールⅡ号も降りてきた。その照明がタイタニックの船首にあたり、きれいにライトアップしてくれた。ちょうどいいタイミングでベストショット。

　船首部分にはまだ手摺が残っていた。映画『タイタニック』のあの有名なシーンをふと思い出した。ジャックがローズの手をとって一緒に両手を広げて鳥のごとく飛んでいるシーンだ。本物のタイタニックでそのまま再現できるほど、完全な形で残っていた。それを逃さずに、何枚も写真を撮影。写真だけではなく、自分の目にも焼き付けておかなくてはと、私はじっとタイタニックの船首と見渡せる限りの周辺を眺めた。目に焼き付けた光景は一生忘れることがないものとなった。

　しかしその思いは複雑であった。かつてのタイタニックは不沈船であり、夢の船であった。今ではこのように無残な姿に変わり果ててしまった。しかし海底で直立不動で立っているタイタニックの姿は、今でもその威厳を保っているかのように思えた。海底でも誇らしげに立っているタイタニックは、私にとって悲しい姿であるとともに、美しい姿でもあった。

　次にタイタニックの上空を航海した。窓からは大きなチェーンが見えた。ウインチ（巻き上げ機）だ。少し進むと帆柱（マスト）が見えてきた。アナトリさんが「Iceberg! Iceberg!」と言った。そう、ここ

客室窓

はまさに氷山が目撃され、「氷山だ！　氷山だ！」と叫んで警告の鐘が鳴り響いた所である。そのマストも今では横たわっている。そこから左舷側に進み操舵席を見に行った。操舵輪（ステアリングホイール）がひときわ目立った。アナトリさんは潜水艇を安定させて写真が近くで撮れるようにしてくれた。まるで手を伸ばせば触れることができるほど近くに鮮明に見えた。ここは、舵を最大限にとり氷山からタイタニックを死守しようとしたところである。

　その後に客室を回った。窓や窓枠もいたってきれいだった。そこでは富豪の仲間入りをしたタイクーンのモーリー・ブラウンの船室も見えた。しばらく行くとエキスパンションジョイント（船の骨組などに使われる伸縮継目）が大きく裂けているのが見えた。船が破壊された当時の恐ろしさを垣間見たようだった。

ちょうどその頃、アナトリさんが操縦に四苦八苦しているように思えた。潜水艇が何かに引っかかったようだ。身動きがとれない？　まさか！　沈黙がしばらく続いた。アナトリさんが私達に「何か話をしていてくださいよ」と言ってきた。2人の女性を乗せたのが今回初めてというアナトリさんは、私達2人のおしゃべりに時々うんざりしていたようだったが、このときばかりは違う。一体どうしたのだろう……こればかりは危機感が走った。頭の中は本当に真っ白。そして心拍は急に速く……「冗談であるように！」と心の中で祈っていた私は、「もうタイタニックは十分に見た。もうそろそろ地上に戻ってもいいのではないか」と弱音を吐くほどまでに神経がまいっていた。
　どのくらいの時間がたったころだろうか、やっと潜水艇が動き始めた。「これで大丈夫」と自信満々のアナトリさん。この出来事が、本当であったのか、単なる冗談であったのか知る由もないが、もうどうでもよいことだ。今では思い出話にしている。
　やっと落ち着きを取り戻し、探索を再開。1等船客用のプロムナードデッキ（遊歩甲板）を見たあと、大階段へ。あの『タイタニック』の映画に写っていた美しい大階段の姿はどこにもなく、大階段だと説明してもらわなければ、まったくわからないほど、ひどい状態だった。その上空を通り過ぎて、スミス船長の船室へと向かった。形はとどめていたものの、激しくいたんでいた。あっという間に数時間が過ぎた。もうそろそろピクニックランチでもしようと、アナトリさんが言ったが、興奮のあまり私は食べる気分になれなかった。それよりも排尿をしなくてもいいように、また潜水艇が海上に浮上した時に酔わないように胃の中を空にしておくほうが得策だと思った。誰もランチは食べずに、そのまま一旦船首に戻り、再度船首を側面、前方、斜

スミス船長室

め、上空から眺めた。やはり私のタイタニックに対する気持ちは変わらず、その尊厳さと美しさに心打たれるばかりであった。

■ 3時ごろ

　次に船尾に行き、エンジンルームとスクリューを見に行くことになった。そこまでは30分はかかる。「ゆっくりと休んでいたら」というアナトリさんの言葉に、私はうなずいた。その瞬間、冷たいものが額の上にたれてきた。私は一瞬ぞっとした。恐怖が私を包み込んだ。窓ガラスにも水らしきものが……。ハッチの上を見るのが怖くなったが、上を見てみるとなんともない。アナトリさんは、「単なる水滴だよ」と一言。そしてタオルで窓ガラスや潜水艇内の水滴を拭いた。

　そうだ、船内に水滴が生じることは聞いていた。でも額の上にまと

放風弁

もにたれてくる1滴は、決して気持ちの良いものではなかった。すると今度はもう1艘のミールが急接近。窓越しから見ると、本当にぶつかりそうだった。そう思っていた矢先、「ボーン！　バリバリ」。本当にぶつかったのだ。私は「キャー」と声が出る限りの悲鳴を上げた。こんなに広い海底でなぜぶつからなければならないの？　これは操縦ミス？　それとも、またもやアナトリさんの冗談？　アナトリさんは、「このようなことはよくあるよ」と一言だけ言って、すました顔をしていた。この騒ぎがようやく収まった頃、念のために潜水艇の中を見回した。もちろんなんともなかった。そうこうしている間に、船尾に到着。この部分はタイタニックが真っ二つに裂けた部分で、船首の部分とは違い、真っ逆さまに沈没した部分である。アナトリさんによると、タイタニックは海底に到達するまでに数分しかかからなかっ

たという。タイタニックの船首部分は海底に叩きつけられたのではなく、船首の先端から滑るように海底に沈んだ。だからその半分以上が地中から出ている。反対に船尾部分は直角に沈みそのほとんどが地中に埋まっているが、海底に出ている部分は垂直に立っている。そのため３体あるスクリューも実際には２体しか地表に出ておらず、潜水艇が接近できるのはその内の１体だけである。最初にエンジンルームを見に行った。ビル８階建てに相当するほどの高さのエンジン。その大きさに圧倒された。ほぼ原型のまま残っている放風弁も見えた。その近くにタイタニックと書かれている表札がかすかに見えた。激しく壊れているエンジンの姿を見ると、事故当時の凄まじさがうかがえるようであった。

　タイタニックが沈没する時の映画のシーンが頭を横切った。そしてスクリューを見に行った。最初どれがスクリューだかわからないほど巨大なものであった。やっと大きな姿が浮かび上がり、その全貌をこの目にすることができた。私はその巨大さに圧倒され、ただ見つめていた。

　アナトリさんは、この場所はタイタニックの内部だと、簡単な絵をかいて説明してくれた。船尾のでっぱっている部分がちょうどこの潜水艇の上に位置していたからだ。

　とうとうタイタニックの内部にまで入ってしまった。ここがタイタニック探索の最後の地点となる。時間は午後５時半。まだ上昇まで30分ほどあるという。アナトリさんは、タイタニックの周辺を散歩しようと提案。タイタニックと乗客の遺品がそのまま放置されている場所があるという。海底に潜水艇の足を着けて、海底を這うようにして遺品を捜した。ボトル、お皿、カップなど、多くの遺品がわれずにその

ままの状態で散乱していた。完璧な状態で残っているお皿やカップもあり、そのまますぐに使えそうだった。4000メートルの海底で、100年近く形を保ったままで残っているのが不思議に思えた。

しばらくすると、大きなバスケットのような籠が落ちているのが見えた。私はアナトリさんに「これもタイタニックの遺品ですか」と尋ねると、「このバスケットはタイタニックの遺品を盗もうとした盗賊が落としていったものだ」と説明してくれた。昔は盗難が絶えなかったという。遺品を盗めば、相当なお金になったのだろう。もちろん、今では遺品やタイタニックの一部を持ち帰ることは許されていない。30分ほどかけて遺品を見つけては写真やビデオ撮影した。

あまり知られてないことだが、タイタニックには世界で1番有名な「スタインウェイ＆サンズ（Steinway & Sons）」のピアノが6台設置され、タイタニックと共に海底に沈んだままだと言う。スタインウェイのピアノと言えば、「神々の音色」とも呼ばれる非常に美しい音が出るドイツ製（またはアメリカ製）のピアノだ。1911年にドイツのハンブルグにあるスタインウェイ＆サンズの工場から半仕上げのままでタイタニックまで搬送され、船内でボルトで固定して、船の内装に合わせてピアノの外装を仕上げたという。その1つはグランドピアノBサイズ（長さ約210センチメートル）。縦型のピアノも設置されていた。

実際にタイタニックに搬送されたスタインウェイのピアノの写真はないというが、姉妹船のオリンピック号にも同様にスタインウェイのピアノが設置され、運よくその写真が現存している。ネット上で写真を見ると、すばらしい外装に施されたスタインウェイのピアノであった。私はそれを「スタインウェイピアノ・タイタニックエディション」と呼びたい。実は私はスタインウェイ＆サンズのグランドピアノ

を所有している。それもドイツのハンブルグにある工場で購入した。タイタニックまで直接ピアノを出荷した場所だ。詳しい話は、後述する。スタインウェイグランドピアノの所有者として、タイタニックとともに沈んでいるスタインウェイピアノに1番近く接近できたのも、私とスタインウェイピアノとの何らかの因縁だと感じた。私が愛するスタインウェイピアノが今でも海底に沈んだままであることはとても悲しいが、運命の出会いが果たせたことは私にとって幸運なことだった。そうこうしている内に、上昇する時間がきた。

■ 夜6時

　この5時間、私は次から次へと目の前に迫る今までこの世で見たことのない光景に、圧倒され続けていた。「もっといたいなぁ」と冗談げに言うと、アナトリさんは「今晩ここに泊まっていくか」と聞いてきた。実際に本格的な調査の場合には、海底に1泊するとか……。私は「Not this time, No thank you（今回はいいよ、ありがとね）」と言って、早く地上に戻りたい気持ちを隠さずにはいられなかった。

　この5時間は短かったのか長かったのか今でもわからないが、タイムマシンに乗って、別世界へ旅したように感じた。時間というものを感じなかったのかもしれない。

　海上へは早ければ1時間半で戻れるとのこと。写真や荷物の整理をしながら、今終わったばかりの潜水ツアーを自分なりに振り返った。

　夜7時半くらいに海面に浮上した。まだ海の中に太陽の光がさしていた。ちょうど日が沈む夕刻であった。今回は波があったので、酔う危険性があった。酔い袋を片手に準備した。しかしなかなかクレーンが潜水艇を持ち上げてくれない。いったいどうしたのだろう。準備に

手間取っているのだろうか。私は枕でお腹を押さえて、体を前かがみにして、口を押さえて気分が悪いのを必死に耐えた。そして20分ほどたってやっと引き上げられた。その間、カウボーイたちは必死に、クレーンについている潜水艇揚力線を潜水艇に付けていた。波が揺れる中での至難の業だ。窓の外にはきれいな夕焼けが見え、船上にいるスタッフや仲間の顔が窓から見えほっとした。

■ 午後8時半

　潜水艇が船上に無事着地した。ハッチが開いた。気圧の変化はなかったので、耳がおかしくなることはなく、まして潜水病になることもなかった。スタッフの顔がハッチの上に見えた。アナトリさんは、戻るべき所に戻ってくるという約束を、きちんと果たしてくれた。ハッチの上に上がると、仲間が大きな声で声援を送ってくれた。「No.1 Japanese!　日本人第1号おめでとう」と多くの人たちが祝福してくれた。またカメラのフラッシュに包まれ、戻ってきた英雄のようにスポットライトを浴びた。また人生で自分が光輝く瞬間を味わった。

　靴を履いてはしごを降り、船上に降り立った。ロブが私にシャンパンを渡してくれた。シャンパンを片手に、はいポーズ！　タイタニック沈没地点到達記念写真を撮った。その間もユリ氏もセルゲイ氏はずっと私の写真とビデオ撮影をしてくれた。その後に他の船内カメラマンとドイツ人のカメラマンからインタビューを受けた。「北極点、南極点に続き、日本人第1号として海底に沈没しているタイタニックに到達することができました。私の人生でとても幸せな瞬間です」と、私はインタビューに答えた。興奮が冷めない時間がしばらく続いた。しかしもう時間切れ。ジャンプスーツを洗濯するロシア人のおばさん

が、私が早くスーツを手渡すのを待っていた。もっとゆっくりとしたかったのに、直ぐに渡さなくては。いや、それよりもトイレに行かなくては。今まで完全に忘れていた。最後にトイレに行ってから約16時間近く。これも自己最高記録だと少し誇らしげに思った。

　後になってどうしても物足りないものがあった。欲を言うと、何らかの思い出となる品が欲しかったのだ。それも海底から……石ころでも何でも……でもそんなことをお願いできるわけもなかった。もちろん、発泡スチロールのカップの実験はできたようで、カップが乾いた翌日に自分の作品が見られる。しかし海底から何かもってきたかったのが本音だ。今となってはもう遅いのはわかっていた。すると、ミールⅡ号の操縦士が、まさしくタイタニックのそばに横たわっていた石を潜水艇のアームを使って拾って、船までもってきていたのだ。ミールⅡ号の乗客はそれを記念品としてもらい、私に見せてくれた。

　羨望の目でみていると、まだ石があるから操縦士に頼んでみると言ってくれ、さっそく会いに行って、ひれ伏してお願いを……なんと1つ石をプレゼントしてくれた。それも「TITANIC」という文字と到達した年の「2005」を石に書いてくれた。超ラッキー！　私は本当にうれしくなり、はしゃぎ回った。

　しばらくすると疲れがどっとやってきて、急にお腹がすいてきた。夜遅くなっていたが、夕食が用意されていた。その晩は夕食を食べて、シャワーをあび、すぐに寝ようかと思いきや、タイタニックの興奮がこみ上げてきて、寝られなかった。夜が更けるまで写真の整理をして、タイタニックの旅路を何度も振り返った。RAWで撮影した写真をPhotoshopを使ってパソコン上でJPEGに変換するとなんと透明な映像となり、とてもきれいな写真がたくさん撮れていた。もとも

とJPEGモードで撮影した写真は青みがかっていた。ラルフ氏が教えてくれたおかげで、写真撮影はみごと成功。ビデオはどうかというと、あまりにも小さな潜水艇の窓から撮影したので、NGが多かったが、うまく撮影できた部分だけつなぐだけでも、自作の映画が十分に作れるほどだった。だからこれもまずまずの成功だ。写真とビデオに満足したあと、暗くなった船内を散歩した。タイタニックの映画が撮影されたこの船の上を歩きながら、映画のシーンを振り返った。

　ところで、海底4000メートルまで持って行き持って帰った発砲スチロールのコップがどうなったかというと……翌日それを見てびっくり仰天。な、なんと均等に7分の1の大きさになっていたのだ。色のついた絵柄もそのままきれいに縮小されて残っていた。自然の驚異を目の当たりにした。

船上での生活

　残りの18名が潜水を完了するまでに5日間かかった。その間、船内で潜水する人を応援したり、講義に参加したりと、忙しい毎日を過ごした。船内にピアノがあったので、タイタニックが沈没しているまさにその海上で、タイタニックのテーマ曲を毎日のように演奏した。自分でアレンジして暗譜していたので、最初から最後まですらすらと弾けた。たくさんの人が聞きに来てくれて、うれしかった。私のピアノ演奏をビデオに撮影した人もいた。記念にと、自分でも録画した。一生の思い出となった。

　12日にはクジラが近くまで遊びにきた。パイロットクジラだ。数えるとなんと16頭もいた。30メートル近くまで接近し、私達を興味深く

眺めていた。潜水艇が沈む時にも近くにいて、数時間も周辺を泳いでいた。私達の冒険を応援してくれているかのようだった。その後も何回も私達の前に現れた。

　また、この船が『タイタニック』の映画の撮影に使われたので、スタッフに撮影現場を案内してもらった。

　まず映画に映っていた潜水艇の中。私が実際に乗った潜水艇とは違ってかなり大きかったので、どこで撮影したか尋ねてみると、船内のある一室だった。その場所を案内してもらった。普通の部屋だが、窓に沈没しているタイタニックの映像を映して、いかにも潜水艇の中にいるかのごとく撮影されたという。

　次に見たかったのが、年老いたローズがもっていた「碧洋のハート」のペンダントを海に投げる場所。それは船のちょうど後尾だった。そこに立って、同じようなマネを……という具合で結構楽しく過ごした。

　あいかわらず発泡スチロールのカップの作品作りはあきずに続き、別の潜水艇につけてもらって実験を続けた。ほとんどすべて均等に縮小されていた。全部で40個ほど手に入った。中でも20個はすばらしいミニチュア作品に大変身。

　下船後に、セント・ジョーンズのタイタニック博物館に行ったときに、ガラスケースの中に展示されている7分の1の大きさになった発泡スチロールのカップを見た。本当に、博物館行きの珍しい品物だったのだ。

■ 2005年7月13日（水曜日）

　この日はちょうど中間日。潜水艇の整備の日だった。私達にとって

は船上の休息日となった。船内にタイタニック関連のお土産が売っていたので、たくさん購入。中でも実際にタイタニックで使用されていたお皿やグラスのレプリカが売っていたので、あるだけすべて購入した。今でも大切に保管している。他に、タイタニック潜水を記念したジャケットも購入。

夕食には有名なケルディッシュバーベキューディナーが出された。飲んで食べて、潜水の旅を振り返って話をしたり、楽しいひと時を過ごした。また会いたいと思っていた、あのカウボーイのお兄さん（もしかしたらおじさん？）にも会えた。想像していたように顔や体型すべてが恰好よかった。一緒に写真も撮影。記念の1枚になった。

潜水は翌日の14日、15日と続いた。その間もタイタニックや海洋学に関する講義やビデオの上映が続いた。

15日の夜に5回の潜水が終了し、ミール号は格納庫に収納された。

■ 2005年7月16日（土曜日）

この日は、タイタニック沈没地点に別れを告げて、1日半かけて、カナダのセント・ジョーンズ港へ向かった。午後には皆で集まってパーティーを。あのアナトリさんがギターを弾いて音楽を披露。多彩な才能に驚いた。そして皆が、タイタニックへの思いを詩に綴った。私の詩は後程、紹介する。

夕食前にお別れカクテルパーティーが行われ、船長から1人1人に「タイタニック沈没地点到達証明書」が授与された。これで実際にタイタニック沈没地点に到達したことを証明する、御墨付の証明書を得たのだ。

そしてユリ氏が撮影した写真を披露。最後に全行事を振り返ってア

ナトリ氏からお話があった。夜、セルゲイ氏が撮影し編集した潜水ツアーのビデオが上映された。皆自分が映っている映像を待ちつつ、自分が映っている場面がでると、大きな歓声をあげた。私ももちろん自分の映像を見たとき、つい歓声を上げてしまった。

■ 2005年7月17日（日曜日）

　この日は気をきかせてくれたのか、朝食の時間を遅くしてくれたので、ゆっくり寝ることができた。しかし次に乗船する人達が待っているので、朝9時半までには船室をでなければならなかった。一体だれが行くのだろう。今年はもう潜水予定はないはずなのに。最後に、今回の航海中に撮影された写真が披露された。ドン氏、ラルフ氏、ロブ氏によるプロの撮影だ。タイタニックがあまりも美しく撮影されていたので、見とれてしまった。そして写真と航海日誌が後で自宅まで送られるという。それを楽しみに待つことにした。

　午後12時半にニューファンドランド港に着港。無事に陸地に帰還した。そして下船すると、そこにはベリンダさんがいた。長年かけてやっと成功させた私の冒険と夢を彼女と共に祝福した。そしてお世話になった探検リーダー、スタッフ、船長、航海士、乗組員ともお別れの時がきた。皆と握手やハグをして別れを惜しんだ。そして私の深海タイタニックへの旅は、ここで幕を下ろした。ところが……

ジェームズ・キャメロン監督との出会い

　下船時に、思いがけないニュースを耳にした。なんと映画『タイタニック』の監督であるジェームズ・キャメロンがこの町に来ていると

いう。次の乗客とはジェームズ・キャメロン監督一行だったのだ。監督らは、世界初タイタニック生映像をテレビで放送するために、やってきたのだ。明後日この船に乗って出航するという、うわさが耳にはいった。

　……会いたい。どうしても会いたい。会って、私がどれだけ『タイタニック』の映画に感動し、なぜ本当のタイタニックを海底まで見に行ったのか、どうしても伝えたかった。でもそれは叶うはずのない夢であった。そのような「チャンス」は巡ってくるわけもなかった。

　いちかばちか私は思い切って、親しくなった写真家でもあるラルフ氏に「ジェームズ・キャメロン監督に会わせてください」とお願いした。彼はジェームズ・キャメロン監督の助手として『タイタニック』の映画の撮影に携わっていた人物だ。だから個人的に監督のことも知っている。

　しかも、今回、本人も乗船して、またジェームズ・キャメロン監督の助手をするという。なんという偶然。偶然が偶然を呼んで、奇跡が生まれるのか。

　翌朝、連絡をとることとなった。ホテルの窓越しから船が見えた。連絡がないので、あきらめかけていたとき、なんと電話がなった。「保証はないが、今すぐに来てくれ」ということであった。私はカメラをもってすぐに港まで走って行った。ちょうど船に撮影機器などを積んでいる真っ最中だった。するとラルフ氏が出て来て、「ここで待っていてください」と一言。そしてある1人の男性が船からでてきた。「あぁ、ジェームズ・キャメロン監督だ！」。私はてっきり本人が出て来てくれたと思い大喜び。お話をして、写真を撮りたいとお願いしたところ、その男性とラルフ氏は、私を見て笑い始めた。「アハハ！

僕はジェームズ・キャメロンでないよ。彼の弟だよ……」。恥ずかしいことに、私はジェームズ・キャメロン監督の顔を知らなかったのだ。ガクーン。すると「本人はすぐに出てくるよ」と教えてくれた。
　少しすると背の高い俳優のような男性が船から出てきた。「今度は騙されないぞ」と思いつつも、あわててしまい、「あなたはジェームズ・キャメロン監督ですか」と尋ねてしまった。するとその男性は「本人は忙しくて船内にいるよ」と答えた。またもや騙されるところであった。しかし、周りの様子がおかしい。ニヤニヤしている。すると「本人だよ」と教えてくれた。やった！　やっと念願のジェームズ・キャメロン監督本人に会えたのだ。夢のようだった。
　私は手に抱えている一眼レフカメラとビデオカメラをラルフ氏に渡して、私と監督の動画と写真を撮影してもらった。震える声を精一杯だして、話をしようとした。するとキャメロン監督は、「あなたは日本人で最初にタイタニック沈没地点に到達したとお聞きしました」といきなり言ってきた。私は大喜びで「はい、はい、私は日本人で最初にタイタニック沈没地点に到達しました」と答えた。すると「おめでとう」言ってくれて、私が「ありがとう」と言うと、なんとハグまでしてくれた。
　でも念のために、「あなたは本当にジェームズ・キャメロン監督ですか」と聞いてしまった。本人は「はい、はい」と答えてくれた。「本当に」と念をおすと、なんと「ホント」と日本語で答えてくれた。うれしーい！　「日本語が話せるのですね」と言うと、「5つだけ日本語を知っている」と答えてくれた。「私は本当に幸せだ」と言うと、また「おめでとう」と言ってくれた。「本当にありがとう」と言うと、なんと一緒にツーショットの写真を撮ってくれた。長身でハンサムで

やさしいカナダ生まれのキャメロン監督。私はすぐさまファンに。その後、数分間にわたるタイタニックの映画に関する単独インタビューにも成功！　これは夢か幻か、それとも現実か。もちろん現実である。すべての様子がしっかりとビデオに収録されているのだ。キャメロン監督や弟や取材スタッフにも会えたことは、私にはもったいないほどの出来事であり、私の「深海タイタニックの旅路」に最高の結末をもたらしてくれた。一生忘れえぬ思い出となった。「チャンス」が「チャンス」を生んだ瞬間だった。

　最後に、タイタニックについて書いた私の詩を紹介する。

The Titanic was known to be the ship of dream, but it is no longer the ship of dream. It is the ship of adventure. It enables us to explore the deep ocean. Titanic is as beautiful as ever before and its beauty will never fade away, as long as our adventure continues.　Masayo Goto

---

　かつてタイタニックは「夢の船」であった。しかし、今では夢の船ではなく、「冒険の船」である。なぜなら私達を無限の深海の旅に導いてくれるからだ。タイタニックは今までと変わることなく美しい。その美貌は、私達のタイタニックへの冒険が続く限り、決して薄れることはない。

後藤昌代

北極点への冒険

はじめに

　「まだ見ぬ地球の真上」へ行くのが私の長年の人生の目標であった。そこは北緯90度の世界。隔絶された厳しい自然条件の北極点は、世界に残された究極の秘境の1つである。北極圏は幾千年もかけて形成された何層にも重なる巨大な氷塊に阻まれた地帯で、何世紀にもわたって多くの冒険家達を魅了してきた。絶えず変化するさまざまな氷河や氷塊、浮氷、厚い氷の層からなる氷丘や氷丘脈などの北極海の景色は、感動を呼び起こし、人生観をも変える大遠征であり、大ロマンだ。
　過去に、何人かの冒険家が北極点に到達している。しかし冒険家の多くは挑戦しては断念している。それほど地球上でも過酷な場所なのだ。
　最初に到達したのは、アメリカの軍人出身であるロバート・エドウィン・ピアリー（1856―1920）。3度の失敗を経験したあと、1909年4月6日、遂に人類で最初の北極点到達に成功した。私が北極点に自分の足で立ちたいと思ったのは、1996年の時である。

北極点への挑戦

　1996年、私はまだオーストラリアのシドニー大学で国際関係の修士課程を勉強していた。ある時、シドニー近郊のボンダイという町を歩いている時に、ある広告が目にはいった。「North Pole Voyage（北極点への旅）」と書いてあった。アドベンチャー・アソシエイツ

（Adventure Associates）という冒険を扱っている旅行会社の窓に貼ってあった。興味津々で中に入ってみた。ドアを開けると、すぐ2階に上る長い階段があった。階段を上りきると、受付があった。声を震わせながら、一言聞いてみた。「下の広告をみたのですが、誰でも北極点へ行けるのですか」と。受付の女性は、「申し込みさえすれば誰でも行けますよ」と答えてくれた。

　パンフレットを見せてもらった。その表紙は、「North Pole（北極点）」と書いてある大きな看板の前に立っている男性の姿であった。その後ろには赤い色の巨大な船が映っていた。この写真に写っている男性のように、自分も北極点に立ってみたいと思った。自分の人生で何か大きな事をしてみたいと常々思っていた私にとって、北極点へ立つことがその目標となりつつあった。何かと自信がもてない自分が、自信がもてるようになれる「チャンス」だと思った。

　パンフレットを読んでみると非常に珍しい企画であることがわかった。当時は、まだ日本ではあまり知られてないツアーだ。ツアー料金を聞いてみると、なんと2万豪ドル。日本円にして200万円ほどだ。しかもツアー期間は大学の後期がちょうど始まる時期。これは無理だと思った。「もし戻って来られなかったらどうしよう」と急に不安になった。

　家に帰ってから、毎日パンフレットばかり読んでいた。行きたい気持ちは山々だが、やはりお金もなければ勇気もない、タイミングも悪い。でも毎日パンフレットを読んでいる内に、自分が北極点に立っている姿が次から次へと思い浮かんできた。「よし、立ってみよう！」。

　数日後、アドベンチャー・アソシエイツへ戻って、北極点到達ツアーの詳細を聞いた。今回は社長さんとお話ができた。デニスさんとい

う男性である。彼自身も冒険家だという。そして北極点が素晴らしい場所であること、行くことへの価値について話してくれた。彼の冒険に対する思いは私の魂を揺すぶった。

　航海についても説明してくれた。期間は1996年８月８日から22日までで、ロシアの原子力砕氷船ヤマルに乗船して北極点へ向かう。

　そして再度、ツアー料金を尋ねた。もちろん変わるわけではないのだが、もしかしたら今手持ちのお金と日本に残してある貯金で払えるかもしれないと思った。それには相当の覚悟が必要だった。手持ちのお金を今使ってしまえば、帰ったあとの家賃も払えなければ、食べ物を買うお金もなくなることを知っていたからだ。

　でも私は北極点にかけた。自分の人生にとって大きな挑戦であり、何らかの形で自分の人生を変えることができる突破口になると考えた。「あなたの強い意志が、あなたの運命を変える」のだ。

　翌日、大学教授に会って、「北極点に行きたいから３週間、大学を休むことになる。それでも卒業できるか」と尋ねた。返事は「卒業できないかもしれないから、やめた方が良い」ということだった。元々それほど成績が良いわけでもなかったので、さらに３週間休むと成績に悪影響を及ぼすことはわかっていた。日を改めて再度尋ねた「自分で頑張れば卒業できますか」。「それはあなた次第だ。３週間大学に来れなくても、落第するとは限らない」とだけ教えてくれた。私にはそれだけで十分であった。迷わずに、行こうと決心した。

　そしてアドベンチャー・アソシエイツへ戻って、デニスさんに再度お会いし、どうしても行きたい趣旨を説明。しかし、なんと既に予約完売であった。なんとも残念！　でもデニスさんは話を続けた。

　「実はこのツアーのすぐ後にもう１つ別のツアーが企画されまし

た。幸いなことに、それには、まだ空きがあるので、申込みができますよ」。今年だけ続けて２回航海が計画されたのだ。第１回目の航海は、砕氷船が北極点に到達した後にロシアのムルマンスクに戻る代わりに、アラスカのアンカレッジまで向かう。それに続く２回目は、アラスカのアンカレッジから出発して、到達不能北極圏を経由して北極点に到達し、その後にムルマンスクに着港する。到達不能北極圏とは「Northern pole of inaccessibility」と言い、北緯84度03分 西経174度51分に位置している。どの大陸からも最も離れているところで、北極点からは661キロの距離にある。到達に最も困難な場所なので、そのような名前がついている。またこの航海は東から西へ向かう海上を走る船舶（潜水艦以外）としては世界初となる。こちらの方が、価値があるように思えた。そしてツアーを運営する会社は、クアーク・エクスペディションズ（Quark Expeditions）と教えてくれた。

　私は躊躇なしに、そのツアーに申し込んだ。申込書に記入した後に、オーストラリアのクレジットカードから半分を支払った。カードが無事に通った。次に日本のクレジットカードから残りを支払った。その時点で私は体が震えていた。自分の人生でこんな大金を一度に使ったことがなかったからだ。支払いが終わるまでの間、体は極端に震えだし、止めることができなかった。日本のクレジットカードが無事に通ると、支払い完了。そして震えが笑顔に変わった。これで一安心と思っていたら、デニスさんは「飛行機代の支払いが残っている」と一言。「？？？」私は何のことだかわからなかった。実はこのお金はツアー料金だけで、オーストラリアからアラスカ、ロシアからオーストラリアへの飛行機代が含まれていなかったのだ。なんでそれを早く言ってくれなかったの？　いや、知らなかった私が悪いのだ。もうお

金がなかった。家賃や食べ物のお金さえほとんど残ってないのに、飛行機代を払う余裕はまったくなかった。頭の中は真っ白になった。するとデニスさんは、「飛行機代は会社がもつよ。あなたは行ってきなさい。大学で国際関係の修士学を勉強してるんだって。自分も勉強したかったけどできなかったよ。あなたのような人は、北極点を見ておくべきだ」と言ってくれた。私はとてつもない大きな力を感じた。今思えば、デニスさんとの出会いが「チャンス」そのものであったのかもしれない。さらに「チャンス」を得るためには、1番自分が必要としている人と絶妙なタイミングで出会うことが大切である。そのことを身に染みて感じた瞬間であった。デニスさんに会っていなければ、北極点へ行く「チャンス」が、もう一歩の所で消えていたかもしれない。

　これでやっと申し込みが完了。行程はこうだ。シドニー、ロスアンジェルス、アンカレッジ、プロヴィデニヤ経由でペベックへと飛び、そこで砕氷船に乗る。北極点に到達した後に、ロシアのムルマンスクへ着港。そこからヘルシンキへと飛び、ロンドン、東京、ケアンズ経由でシドニーへ戻る。かなりの移動距離だ。

　出発までにはたくさんすることがあった。まずは、送られてきた準備リストに書いてある物品を1つ1つ確認しながら、買って揃えることだ。

　また同時に勉強の意欲が湧いてきた。大学を3週間という長い期間休むので、落第しないように積極的に勉強するようになった。すると不思議と今までわからなかったことがわかるようになり、集中して頭の中に入るようになった。1つの「チャンス」がまた別の「チャンス」をもたらした「連続のチャンス」である。「よーし、この調子だ。

せっかく北極点に行くのだから、落第はしないぞ」と心に強く決めた。そして、戻ってきてから少なくとも1か月間の家賃が払えて、食べ物が買えるように、自分で進んで仕事をみつけてお金を稼ぎだした。するとお金が貯まってきた。これでひもじい思いもせずに、過ごせる。

この時になって初めて、自分の人生が良い方向に転換しだしたと実感した。人生で大きなことを達成すると決めたら、その思いと勢いが、なんと今まで克服できなかった難題をいとも簡単に消し去ってしまったのだ。私は自分の人生が好転したかのように思い、うれしくなった。今まで苦痛であったことが苦痛と感じなくなり、人生のすべてがうれしいことに転じていった。

そして本格的に買い物が始まった。極寒用の肌着、極寒用の靴下類、ゴムブーツ、マフラー、毛糸の帽子、防水手袋とその内側につけるインナー手袋、そして気温に応じて簡単に脱ぎ着できるように、薄手のセーターやカーディガンを数着購入。1番外側に着るパーカーと呼ばれる体全体を覆うジャケットだけ、クアーク・エクスペディションズが提供してくれる。色は真っ赤。どこにいてもわかるようにするためであろう。これがあれば極寒の寒さがしのげるし、迷子になってもすぐに見つけてもらえるまさに救いのジャケットだ。

準備をするにつれて、北極点というものがどういう場所なのかわかるようになってきた。また、相当寒いことはわかっていたが、十分に準備すれば寒さもしのげることもわかった。買い忘れたものを買う場所は北極点にはない。自分が持っていくものがすべてである。そして自分の命は自分で守らねばならない。それが北極点の鉄則だ。何度も繰り返しリストを確認して、必需品すべてを購入した。何よりも、そ

の準備自体が既に冒険をしているかのようでとても楽しかった。

そしてやっと出発の時がきた。集合は8月6日。場所は米国アラスカ州のアンカレッジであった。8月6日にシドニーを出発して、ロスアンジェルス経由でアンカレッジへと飛んだ。集合場所のウエストコーストインターナショナルインホテルへ向かった。ホテルにエキスペディションリーダー（探検リーダー）であるアメリカ人のジョー・ホブス（Joe Hobbs）の姿があった。そこで皆と合流。翌日の8月7日にチャーター機でアンカレッジを出発。日付変更線を通過して、ロシアのプロヴィデニヤに到着。その後すぐにまたチャーター機でペベックへ。そこからヤマルに乗船する。

生まれて初めてみる砕氷船

■ 1996年8月8日

この日は待ちに待ったヤマルとの初対面だ。港に到着すると、大きな真っ赤な船が停泊していた。生まれて初めて見る砕氷船だ。またこれほど巨大な船に乗るのも生まれて初めてだ。船の名前はヤマル。ヤマルはロシアのヤマル半島で造船されたので、「ヤマル」と言う名がついている。ヤマルの仕様を簡単に説明しておこう。全長：150メートル、船幅：30メートル、喫水：11メートル、総トン数：30624トン、排水量：20733トン、推進力：75000馬力（6個のジェネレーターを動かす2つの蒸気タービン）、巡航速度：20ノット、乗員・乗客数：250人、船籍：ロシア、船舶格付：最大級砕氷船。

乗船するとスチュワードが部屋を案内してくれた。ベッド、デスク、シャワー、テレビ（船内用）、机があったが、少し狭く感じた。

でも船内では寝泊まりするだけ。活動はすべて船上か船外だ。それを考えれば、今後2週間、寝泊まりして生活するには十分な広さだった。また常に暖房がついているので、寒く感じることはない。船室の清掃とベッドメイキングは毎日してくれる。まずは自分の客室が船内のどこにあるかを把握して、船の中で迷子にならないようにした。船内は、バー、ラウンジ、図書室、ジム、バスケットボールコート、室内温室プール、サウナ、劇場式講義室、イベント会場、ショップとそろっていた。うれしいことに、豪華客船と違って、船の中は、船橋（ブリッジ）を含めて自由に歩きまわれるという。

　荷物の整理をしている最中に、船が出港するという放送が流れた。それも船橋に行けばその様子が見られるという。といっても、いったい船橋がどこにあるのか、どのように行ったらよいのかもわからない。船員さんに教えてもらってやっと船橋へたどり着いた。ここは船を操縦しているところだ。中にはいってみるとなんと眺めのいいこと。180度見渡せる窓がある。真ん中に操舵席みたいな所があり、周辺には機械類がたくさん並んでいる。生まれて初めて見る光景だ。まさかその後、ここで生涯に1度のすばらしい体験をするとは想像もしていなかった。船が出発する光景はなんとも言えず興奮するものだ。周りの人と気持ちが1つになったようだ。これでやっと北極点到達への幕が開いた。

北極点に向けて出発

■ 1996年8月9日

　この日、船は東シベリア海へと向かった。しばらくしてからレスト

ランへ集まるように放送が流れた。これからオリエンテーションが始まるという。最初に、船内の生活、食事、貴重品の扱い、支払方法、ヘリコプターの乗り方などの説明。それから航海中に避難訓練、北極海に関する講義、船内ツアー、エクスカーション（日帰り小旅行）があること、1日の予定は毎朝スケジュール表が客室ポストに配布されるのでそれを見て確認すること、プールやジムなどの運動施設は自由に使えること、そして食事の時間などの説明があった。朝食はブュッフェ形式、その後にモーニングティーが出される。昼食は3コースでメニューから自由に選べる。午後にはケーキなどのアフタヌーンティーが出され、夜食はまた3コースでメニューから自由に選べる。スナックや飲み物はいつでも用意される。食べることだけでも、船旅の楽しみが増した。

　しかし船酔いする私はたくさん食べることに懸念があった。が、その懸念も払拭された。というのは、船は横揺れではなく縦揺れになるので、あまり酔わないという。この理由はあとでわかった。またお土産や通信費、お酒類などの支払いは「チット」と呼ばれる勘定書のような制度を利用するので、下船時にまとめて払えばよい。利用時はサインのみでいいので楽だ。

　北極点到達までは1週間ほどかかる。それまで何をして暇をつぶそうかと思っていたら、なんと1日のスケジュールが盛りだくさん。なるべく多くの講義に参加することにした。

　講義は生物学、氷河学、海洋学や地質学、北極の歴史と専門的であったが、非常に勉強になった。講師らは研究者か大学教授である。特に興味深かったのは、砕氷船の仕組みであった。砕氷船はどのようにして氷を砕いて進んでいくのか。てっきり船首に巨大なはさみがつい

ていて、それが氷を砕いていくと想像したが、まったく違っていた。実際には砕氷船自体の重みを利用している。砕氷船の先頭部分を氷の上に乗せて、その重みで氷を下方に向けて砕いて進む。その様子をヘリコプターに乗って見られるというからうれしい。氷を砕いている時に船は、巨大な氷に衝突した轟音と共に大きく上下に揺れる。また周辺に氷があるので、波がたたず、横揺れは起こらない。これでなぜ船が上下に揺れるかがわかった。氷がない海に戻るまでは、実質的に船酔いはないのだ。他の場所では味わえない未曽有の体験である。

　また環境保護に関するガイドラインや北極点に到達したときの活動について説明があった。北極点では船を氷上に停泊させて下船。氷上でセレモニーが行われ、その後に氷上バーベキューランチとなる。その後、数時間自由時間がある。自由に歩ける範囲は、船から警備員が立っているところまでで、それを超えてはならない。またアイシージャンプ（POLAR PLUNGE　ポーラープランジ）と言って、水着姿のままでいきなり氷の中に飛び込むチャンスもあるという。きちんと命綱をつけてくれるので安心だとか。自分がそれに挑戦するかどうかまだ決めてなかった。

　夕食時には船長と航海士の紹介があった。船がロシア製なので、乗組員も全員ロシア人である。船長の下に、副船長が１人、１等航海士が２人、２等航海士と３等航海士が数人いた。誰をみても長身ですらっとしていて、恰好よかった。時々わけのわからない言葉で放送が流れるのは、実はロシア語だった。

　船内に時差があった。私達はアメリカの時間から北上するにつれて、時間を変えていくが、ロシア乗組員は、ロシアの時間のままである。また船員たちは約６時間のシフトで働いている。だから私達の時

間と合うことはなく、私達が出会う船員も、彼らのシフトによって違うことになる。時間を自由に操ることができる北極点ならではの世界だ。

北極圏入り

■ 8月10日—11日

　この日、ニュー・シベリア諸島内に入った。氷山がたくさん漂流していた。この周辺はもう北極圏だ。約2日間かけて通過して行った。ここには数多くの野生の鳥や動物が生息している。氷山の上で休んでいるセイウチ（海象）、北極熊、アザラシが見えた。砕氷船は動物達の近くへは寄れないので、ヘリコプターから珍しい野生の動物達を見たり、写真を撮影した。でも動物達は私達が通過すると驚いて去っていくか、海に入ってしまう。だからゆっくりと見れない。セイウチはどうにか顔の形がわかるくらいの大きさで写真が撮れた。

　またこの日は、シベリア海にあるウランゲリ島（Wrangel Island）へ上陸するために、初めてヘリコプターに乗る。ヘリコプターへはプロペラに注意しながら、頭を下げて後方から乗る。でなければ体が真っ二つに……という説明があったのを思い出した。待つこと30分。指示通りにヘリコプターへ移動。ウランゲリ島の広さは7940平方キロあり、標高は1097メートル。氷には覆われてない。ヘリコプターから北極圏に生息するジャコウウシ（Musk-ox）の群れが見えた。生まれて初めて見た野生のジャコウウシ。遠くからであったが写真撮影もバッチリ。初めてヘリコプターにも乗り、長い1日が過ぎた。この日は疲れた。お腹一杯食事を摂り、早めに休息した。

■ 1996年8月12日—13日

　一面が氷に覆われている光景が目に映った。氷だけの世界。ここからは本格的に氷を砕いていきながら進んでいく。そのヤマルの威力を船橋から180度見渡すと、迫力満点だった。またこの日はヘリコプターに乗って、ヤマルが航海する姿を上空から見られるという。待ちに待った75000馬力で氷を砕いていく砕氷船の威力が360度から見れるのだ。ヘリコプターからは、物凄い勢いで厚い氷を砕いて前進する真赤なヤマルの姿が見えた。数メートルもある巨大な氷を裂いては、青い氷塊を残して前進していくヤマルの姿は驚異的だった。真っ白な氷に浮かぶヤマルの姿は氷上に浮かぶ真っ赤なお城のように見えた。

　戻った後、船橋をゆっくりと見学することにした。恐る恐る中に入ると航海士らがいた。なんと船長もいた。船長の名前はスミヤノフ。どこかで聞いたことのある名前だ。ひょっとしたらウォッカと同じ名前？　名前からして恰好よい。勇気を出して「ハロー」と話かけてみた。すると「ハロー」と答えてくれ、ヤマルのことや今後の予定や北極点のことについて話をしてくれた。名前を聞かれたので、「マサヨ」と答えた。日本人であることも伝えた。すぐに私の名前も覚えてくれたようだ。船内では船長と話ができるほど、幸運なことはないという。タイミングがよかったのか、本当にうれしかった。

　船長が去った後、航海士らが船橋の機械や道具の説明をしてくれた。操舵席に座っていた操縦士が、私に「ここに座って写真を撮ってみないか」と言ってきた。航路がずれてしまっては大変だと思い、恐る恐る操舵席に座った。操舵席に座った姿を何枚か写真に撮ったあと、操縦士は私に「もっと座っていてもいいよ」と言ってきた。そして「ハンドルに触れてみたら」と言ってきたので、軽く触れてみた。

すると操縦士は、私に「ポートサイド、スターボードサイド」と言ってきた。一体何を言っているのかわからない私は、「ちょっと待ってください、私はポートサイドやスターボードサイドも何もわからないの……」。周りの人はただニコニコするだけ。すると、スターボードサイドが右舷（船の右側）で、ポートサイドが左舷（船の左側）だと教えてくれた。ちなみにスターボード（starboard）とは、ステアリングボード（steering board）すなわち舵取り板のことを意味し、それを右舷船尾に装備していたからそう呼ばれるようになった。ポートサイドとは、港に係留する側という意味であり、舵取り板が装備された右舷側が係留に適していなかったので、左舷側になったと言う。そして積荷の出し入れをする側がポートサイドとなった。これでやっと右左がわかるようになった。そして言われた通りに左右に動かしてみた。ということは、私はこの巨大な砕氷船を操縦していることになるのか……と思いきや船の進む方向がずれたみたいで、操縦士が私の手を取って航路を修正。その後にまた私に操縦を任せた。ポートサイドやスターボードサイドという声を聴きながら、私はこの大きな船の操縦をしたのだ。時間をみれば30分以上たっていた。私が操縦したことを知ったら、皆、仰天するだろうと思った。

　その後、北極圏でもっとも到達が困難と言われる「到達不能北極圏」に到達。一旦ここで船が止まった。辺りは真っ白い氷で覆われていた。静かで物音ひとつしない、私達だけが存在する世界である。

　とうとうここまで来てしまった。興奮がさめないまま、その日を終えた。

　北上するにつれて動物や鳥の姿も消えていった。北極点周辺には動物や鳥も生息していない。地球上のどの地点ともこれで通信ができな

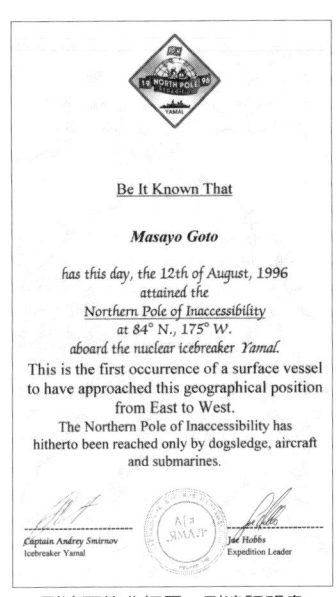

> Be It Known That
>
> **Masayo Goto**
>
> has this day, the 12th of August, 1996
> attained the
> <u>Northern Pole of Inaccessibility</u>
> at 84° N., 175° W.
> aboard the nuclear icebreaker *Yamal*.
> This is the first occurrence of a surface vessel
> to have approached this geographical position
> from East to West.
> The Northern Pole of Inaccessibility has
> hitherto been reached only by dogsledge, aircraft
> and submarines.
>
> Captain Andrey Smirnov　　Joe Hobbs
> Icebreaker Yamal　　　　　Expedition Leader

到達不能北極圏　到達証明書

くなる。日が沈むことはなく、24時間明るい。砕氷船とそれを動かす乗組員たちを信じて、無事に北極点に到達することをひたすら願った。

　ヤマルはその後も氷を砕きながら北極点へ向かって突進していった。周辺の浮氷は、太陽の光線に照らされて万華鏡のように美しく光り輝いていた。しかし、氷を砕いていく船の縦揺れの衝撃は、時には体のバランスがとれないほど大きかった。またその騒音も物凄い。隣の人の話し声も聞こえないくらいだ。一旦氷がとだえると、しばらく静かになる。

　この日は翌日の北極点到達に備えて準備した。船内では、生物学、地質学、北極海の歴史に関する講義が行われた。時間がある時には参加したが、氷が砕ける騒音と、時にはジェットコースターのよう極端

な縦揺れが起こり、落ち着いて講義を聴くことができなかった。というよりも、椅子にじっと座ることが一苦労だった。

　講義が終わったころ、船内放送が流れた。ノルウェーの観測船が近くを通るので、お互いに表敬訪問するらしい。このように接近することは珍しいという。希望者はヘリコプターでその船に移動して見学できる。船長も航海士も、情報交換のためにお互いに表敬訪問する。

　私も名乗りを上げて、ノルウェー船へヘリコプターで移動。船の規模はヤマルよりも小さかったが、観測船なので、観測用の器材が密集していた。主に、氷の移動や動物の生態系の調査をしているという。このような機会はめったにないので、大変貴重な体験となった。

　その後、天気がよければ、どこかの氷上に上陸できると案内があった。待ちに待った放送が流れた。ラクダのように2つたんこぶがついている珍しい氷山を目撃。氷山に上陸できるか、リーダー達がヘリコプターで探索に出かけた。

　戻ってくると、安全が確認できたので上陸できるという。うぁ、すげえ！　皆、興奮した。上陸の準備をするようにと案内があり、全員、キャビンに戻って準備を始めた。準備ができた者からヘリコプターがある船尾のデッキに集合。まだかまだかと順番を待つこと1時間。行った人の話によると、途中で別の氷上にヘリコプターが上陸して、海にポカリと浮かんでいる氷上にも立ったとか。これも非常に珍しい体験なので、楽しみの1つになった。やっと自分の順番がきた。ヘリコプターが出発し、ほんとにラクダのたんこぶが浮かんでいるような氷山が見えた。たまげた！　自然の力とは面白いものだ。それとも人間の創造力の方が豊かなのだろうか。

　そうこうしている内に、たんこぶの平らな部分に軟着陸。ヘリコプ

ターから外に降りて、周りを歩きながら、たんこぶを眺めた。想像がつかないほどの高さがあった。ちょっと歩きすぎたのか、遠くの方からヘリコプターへ戻る人の姿が見えた。あわてて戻ろうとしたが、氷山の上はそう簡単に走れない、というより歩けない。仕方がない。怪我をしないように、ゆっくり歩いた。するとそのヘリコプターは行ってしまった。

　しばらくするとまたヘリコプターが戻ってきた。たくさんの人が降りてきた。それに乗って戻る人は私だけだった。まだ次に乗る人達が待っているのか、「すぐに乗ってください」と少々せかされたようで、あわてて乗った。するとヘリコプターは直接船へ。あれ！　皆が行った氷上に止まらなかった。そして船のデッキへ着陸。私は少しがっかりした。なぜ私だけ行けなかったの？　そう思いつつ、私は船橋へ行った。すると１等航海士のユリさんがいた。私に、「たんこぶの氷山はどうだった？」と聞いてきた。「楽しかった」と一言言ったとたん、もう１つの氷上に行けなかった私は、急に悲しい表情を浮かべてしまった。

　「どうしたの？」と聞かれて、「私だけ別の氷上に着陸できなかった」と話した。すると「これから行かせてあげるからね。お名前は？船長に相談してくる」と私に一言言って、船長室へと向かった。そして戻ってくると、私１人のためにヘリコプターを飛ばして、その氷上まで連れて行ってくれるという。「ホント！」。私は急に嬉しくなった。船長が許可してくれたのだ。ユリさんの優しさに私は大感激。そして上陸の準備を再びして、ヘリコプターのある船尾のデッキへ。氷上目がけて出発。

　降り立ってみるとヤマルの乗客は既におらず、先程会ったノルウェ

ーの乗組員たちがいた。皆、同じようなことを考えるのだなぁ。それほどこの氷上は、たんこぶの次に目立ったのだ。皆で私を囲んで、「はい、ポーズ」。楽しい記念写真を撮った。歩いたり、寝転んだりして、氷上の楽しさを満喫した。

　パイロットは私をせかすことなく、十分に時間をくれた。精一杯楽しんだ後に、パイロットに声をかけて、ヤマルに戻った。

　すがすがしい思いだった。これで、思い残すことはなかった。後でスミヤノフ船長とユリ1等航海士にお礼を言った。笑顔で応えてくれた。船長は私のことを覚えていてくれていた。

　翌日、船尾の方に集合するよう案内が流れた。サプライズだそうだ。それは海の神ネプチューンから北極点を開ける鍵を授かる儀式であった。この儀式は楽しい音楽の下に仮装パーティー形式で行われた。海の神ネプチューンに扮した船員に、探検リーダーであるジョーが北極点へ到達できるよう許可を願った。難題をつきつけられた後、それを克服、みごと海の神ネプチューンが許可してくださり、ジョーは北極点を開ける鍵をもらった。海の神の許しを得た私達一行は、これで無事に北極点へ行けるようになった。

北極点到達

■ 1996年8月14日

　朝、目を覚ますと、今日のスケジュール表が届いていた。

　予定では、この日に北極点に到達する。船は北緯90度に向かって順調に北上していた。朝食後に皆がぞくぞくと船橋に集まった。北極点かどうかわかるのは、唯一GPSが90度を示したときだけである。皆、

海の神ネプチューン

　息をひそめてGPSが90度を示す瞬間を待った。するとどこからともなくカウントダウンが聞こえた。10、9、8……。船橋から海上を眺めながら、私も一緒に大きな声で7、6、5、4、3、2、1と言った。次の瞬間、「ボーン」「ボーン」と汽笛が鳴った。北極点に到達したのだ。ここが地球の真上である。南極点とは違い、大陸がないので、海の上である。また海抜は0mである。平均気温はマイナス30度くらい。またここは、多くの冒険家が挑戦しては断念したところでもある。

　船は3回ほど、北極点を軸にしてぐるぐる旋回した。これはたったの数秒で世界一周を3回もしたことになる？

　北極点到達おめでとう！　シャンペンが渡されて、皆で北極点到達を祝った。やっと北極点に到達したのだ。この達成感と充実感は筆舌

xxxxx 年 xx 月 xx 日〔x 曜日〕のプログラム

北極点到達
06:00 　　　　　早朝コーヒーセルフサービス
07:30-09:00 　　朝食

この日の朝に北極点に到達する予定です。<u>詳細は船内放送を聞いてください</u>。
操舵室にある GPS を見ながら、その表示が北緯90度になる様子を見てみてください。北極点に到達したら、しばらく極点上に停泊します。その間、船長と船員らと共に船橋で北極点到達を祝います。シャンペンで乾杯！

11:30-12:30 　　食堂で軽い昼食がでます。北極点へ到達後、到着を祝うフェスティバルが行える氷盤を船長が探します。下船前に船内放送で詳細を連絡します。

氷上にいるときの安全と注意
氷上を自由に歩き回れる場所は、四つの旗ざおが立っている範囲内となります。この四ヶ所では銃を持った警備員が私達を守るために、警備してくれます。この場所はヤマル号の舷門側（舷側の出入り口）のみとなります。安全のためにこの範囲以外は歩き回らないようにしてください。下船するときには、忘れずに部屋番号札を赤色に変えてください。
最初に氷に降り立ったときに、船首の近くで記念撮影をします。スタッフが手伝ってくれます。その後、北極点到達を祝うために、皆で輪になって歌ったり踊ったりします。汽笛の音がしたら、全員集まり円を描いてください。氷上では温かい食べ物と飲み物が用意されます。氷水に飛び込みたい人のために、船尾の近くに飛び込む場所がつくられます。氷に飛び込まない人達も、その様子を見に行ったり、写真を撮ってみてはいかがでしょうか。氷に飛び込む人達は、水着の上にガウンとパーカーを着て準備してください。タオルを持参し、氷上を歩いているときに足を怪我しないよう履物も履いてください。飛び込む場所にはロープの階段がつくられ、ロープの命綱を必ず腰につけて飛び込みます。スタッフが手伝ってくれます。飛び込んだ後に体を温めたい人のために、船内のサウナが利用できます。**上船時は、船長が船の汽笛を鳴らして合図してくれます。**

16:00 　　　　　アフタヌーンティー（お飲み物とケーキ）。
19:30-21:00 　　夕食
21:00 　　　　　ラウンジにて Ian Tamblyn と音楽を楽しむ
ショップ： 　　16:00-17:00, 18:30-19:30, 20:30-21:30
事務所： 　　　デッキ２、キャビン17番の反対側、電話：886
医師： 　　　　Dr. Jane Terris、デッキ２、キャビン12番
無線室： 　　　デッキ４、右舷（船の右側）、電話：876

に尽くし難い。ここが地球の真上であり、ここを基点にすべてが南になる。もう北は存在しないのだ。また時間の束縛もない。地球上の24時間を自由に操れる。その時の気分で朝、昼、夜になるのだ。

　しかし、孤独といえば孤独な世界である。北極点には動物や鳥もいない。存在しているのは私達だけだ。地球上のどの地点とも通信が途絶える。まるで宇宙にいるかのようだ。そして船はしばらく止まった。デッキを歩きながら周囲を見回し、その素晴らしい光景を頭の中にしっかりと入れた。寒さはそれほど感じなかった。意外なことに、周辺には今まで貼り巡っていた氷が1つもなかった。話によると、夏には北極点の氷が薄くなって割れ、重力の関係で大陸の方へ流れるという。そのため氷がないのだ。反対にカナダやロシアなどの大陸に氷が流れて滞留するので、万年氷ができるのである。

　しばらく経ってから船が動き出した。次は上陸地点を探すのだ。そこを見つけるのは、至難の業だ。というのは、たとえ大きな氷盤が見つかっても、スクリューを前後に動かして船を停泊させるほど、頑丈とは限らないからだ。途中で氷が割れてしまえば停泊できない。これからが船員さんの腕の見せ所だ。

　少し南下すると大きな氷盤が見えてきた。そこに船を止めるという。私は船橋でその様子を、息を飲むように眺めていた。氷を砕いていきながら、船を徐々に前後させて停泊させた。1発で決めたのは見事な腕であった。皆でパチパチと拍手。

　私は船室に戻り、上陸の準備をした。寒くならないように完全に着こなしてからデッキへと向かった。これでやっと北極点に上陸できる。

　デッキをゆっくりと降りて、自分の足で氷上に立った。私は準備が

早かったのか、乗組員以外あまり下船している人はいなかった。

しばらく周辺をぶらぶら歩いてみた。氷上の感触は安定していた。マイナス20度前後の寒さであったが、それほど寒いとは感じなかった。少し上を見上げると国旗が長いロープに吊るされて、飾られていた。日本の国旗「日の丸」もあった。参加者の出身国の国旗だ。ちなみに船の上では、参加者の国旗を毎日変えて掲げている。

マイク等などのセレモニーの準備も完了。船の後方では、アイシージャンプの準備をしているのが見えた。

全員が下船すると、最初に船長からロシア語で、北極点到達の祝辞がロシア語で伝えられた。それを乗客担当官が英語に通訳。また北極点に10回ほど到達した乗組員らを表彰した。その後、皆で輪をつくり、北極点到達を祝った。

そして待望の氷上バーベキューランチ。北極点で食べるバーベキューはひたすらおいしかった。そして「North Pole 90°」と大きく書かれた赤い表札が船首の下に準備された。北極点パンフレットの表紙に映っていたのと同じ表札である。いよいよあのパンフレットのように撮影できる。

ヤマルの船首を見上げると、くじらのような大きな口がひときわ目立った。皆が順番に並んで、「North Pole 90°」と書かれた赤い表札の前で、記念撮影。その写真は、一生忘れることのない思い出となった。私の人生のベストショットである。

しばらくすると、アイシージャンプの放送が流れた。一体だれが飛び込むのかと様子を見に行くと、数人が飛び込んでいた。それを見ている人は、憐みと驚きを隠せずにいた。私もその1人であった。でも飛び込んでいる人はあまりにも豪快に楽しんでいる。また命綱を体に

巻いているし、飛び込んだ後に綱で引き上げてくれるので安全だ。おそらく飛び込んだ後は、体が氷の冷たさで麻痺してしまうのであろう。飛び込んだ人から、「あなたもやってみたら」と言われて、「え！この私が？」。周りの人が期待感をもって私をみつめた。それが圧力となったのか、「では飛び込んでみよう」と言ってしまった。

　係の人が水着に着替えるように言ってきた。せっかく北極点まで来たのだから、やらない理由はない。そういう思いについかられてしまったのか、自分でも本当に飛び込みたいのかわからないまま、私は客室に戻った。水着に着替えて、その上にパーカーだけを着てアイシージャンプ場へと戻った。外に出ても寒く感じなかった。というよりも氷の中に飛び込むのに、氷上で寒いと言っている余裕はない。自分の順番がくるまで心臓の鼓動が響くのがわかった。やっぱりやりたくないと思った瞬間、命綱が渡された。もう引き返すことはできないのか。周りの人の期待感と励ましに押されて、水着姿の私は「はい、ジャンプ」。お～、冷たい。一瞬目をつぶってしまった。海の中の氷はきれいだった。このまま沈んでしまうかと思った瞬間、命綱が私を氷上まで引き上げてくれた。這って氷上まで上がると、係の人が私を抱き上げてくれた。寒さのために体が完全にマヒしていた。周りの人が「よくがんばったね」とほめてくれた。本当に飛び込んだのだ。また人にはできないこと、というよりも普通の人ならしないことを自分が成し遂げた快感も味わった。不可能だと思っていたことができたのだ。これも自分の自信へとつながった。「やった！　私でもできるのだ……」

　その後、アイシージャンプ証明書なるものをもらった。そこには「水着姿で北極点の氷の海の中へ飛び込んだ狂気と勇気を讃える」と

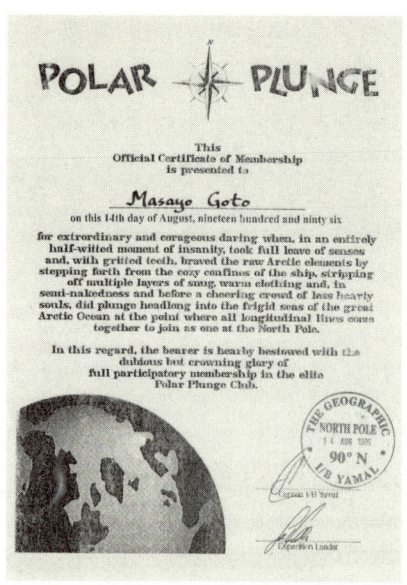

アイシージャンプ証明書

書かれていた。飛び込む様子から戻ってくる様子まで、写真を撮ってもらった。後でその写真を見ると普段の自分でない自分が映っていた。自信をつけ、一歩進歩した自分であった。

　その後、すぐに力が出てきて、１人で歩けるようになった。パーカーを着ないで、そのまま水着姿でひたすら走り、デッキを登り、船室へと戻った。そして温かいシャワーを浴びて、上陸用の服に着がえて再度、氷上に降りた。

　氷上をぶらぶらと歩いていると銃をかまえているロシア人の警備員がいる地点まで来てしまった。おっと、これから先は行ってはいけない。警備員の１人と話をした。「ライフル銃を持って何をしているの……」、「皆さまをお守りするためです」、「いったい何から……」。そこから話がこじれてしまった。「北極熊やテロリストからお守りする

ためです」と。「え！ ここに生き物はいないのでしょう？ テトリスは砕氷船がなくてはここまで来られないのでは……」。それよりもこのロシア人の警備員は私よりも背が低く、ちょっと頼りないようにも思えた。が私達を守ってくれる警備員だ。腕は確かのようだった。私はここからユーターンして、船の方へと戻った。

　日が暮れることがない北極点。ずっとここにいたかったが、乗船の案内があったので、これで時間切れ。残念でもあったが、たくさんの経験をしたので、何も思い残すことはなかった。お腹がすいた。たくさん夕食を食べてぐっすりと寝た。

■ 1996年8月15日―16日

　この日は船内のコントロールルーム（制御室）を見学する日であった。ここは原子力と船内の機能をすべて制御する場所である。つまり砕氷船の頭脳に当たる部分だ。また原子力室へも案内され、窓から原子炉を見ることができた。真っ赤な色をしていた。一瞬、中に入って自分の目ではっきりとみて見たいと思った。見学のあと、いちかばちか中に入らせてもらえるか聞いてみた。すると返事は、「しばらく時間をください」であり、はっきりと断られなかった。

　次の日の8月16日は、エンジンルーム（機関室）の見学があった。機関長が丁寧にわかりやすく説明してくれた。最初に、大きな蒸留水装置を見せてくれた。これは海水を真水に変える装置だ。つまり海水が真水に変換されるので、水は永遠にあるというわけだ。実は、シャワー、トイレで水を使うたびに、また飲み水を飲むたびに、水がいったいどこから無制限のように供給されるのか不思議に思っていた。これでやっと謎が解けた。

次に、ぐるぐると回転している大きなエンジン部分を見せてくれた。これが船橋の操舵輪につながっている。つまり私が船橋で操縦した操舵輪は、なんとこの地下のエンジンルームまでつながっていたのだ。これは想像を絶する大きさだ。

その他にもたくさんの機械を見せてくれて、非常に良い勉強になった。

■ 1996年8月17日

この日は思いもかけない朗報が耳に入った。数日前にお願いしていた原子炉内部の見学の許可がおりたのだ。放射能に汚染されないように白い防護服を頭から足まで着用して、原子炉内へと案内してもらった。

窓を通して見ていた原子炉を、今回は目の前で見た。実際に船を動かしているこの原子炉に1番感謝したかったのだ。原子炉があってこそ、ヤマルは氷塊を裂いて、北極点まで到達できたのだ。私の夢がかなえられたのだ。すべて生まれて初めて目にするものばかりであった。

最後に、汚染されていないか体の検査があった。汚染測定器の上に乗ると「ブー」と音がなった。一体なんじゃ、……一瞬、悪いことを想像した。船員が言うには、体が汚染されているとブザーが鳴るという。頭の中が真っ黒、いや真っ白になってしまった私は、船員さんがいる右側を向いた。すると船員さんは、不安そうな顔をしている私の顔の写真を撮った。「冗談でーす」。その一言で頭がぶっきれた。冗談にもほどがある……わざとブザーを鳴らしやがって……でも貴重な体験とジョークを交えてくれて、本当にうれしかった。もちろん私は放

射能に汚染されてなかった。

■ 1996年8月18日―20日

　しばらく南下すると鳥の姿が見えてきた。久々の生き物だ。生き物が周辺にいるだけでも、なんだかほっとする。この日は何人か船長室へ招待された。私もその1人だった。船長室は船橋と同じ階にあり、中には大きなラウンジルームがある。船長とゆっくりと北極点の旅について話ができた。ラウンジに戻ると、南極点に到達した人が写真を見せながら、冒険話をしていた。「あなたは北極点に到達したのだから、南極点にも行くべきだ」としきりに勧めていた。「すごいなぁ」と思ったが、私には遠い夢の話としてそのまま話を聞いていた。しかしまさか10年もたたない内に私が、南極点へ行くとは想像していなかった。

　それから数日間は、フランツ・ヨーゼフ諸島（Franz Josef Land）を周遊した。フランツ・ヨーゼフ諸島はノルウェー領のスピッツベルゲン島の東に位置しており、12234平方キロの広さがあり、標高は606メートルである。火山、氷河、氷山などが織りなす特別な風景がある。

　アレクサンドラ島、ゲオルグ島、ブリュサ島、グケラ島、ノルトブルク島、ビリチェク島、グレエムベル島、ヘイス島などの島で構成されている。北緯80.0度から81.9度の範囲にあり、ユーラシア大陸で最も北にある諸島だ。

　191の諸島の内、85％は氷に覆われている。1973年にオーストリア・ハンガリー帝国北極探検隊のカール・ヴァイプレヒトとユリウス・フォン・パイアー隊の船が氷に閉じ込められ北東方向への進路を

フランツ・ヨーゼフ諸島

探っているときに発見した。オーストリア・ハンガリーの皇帝フランツ・ヨーゼフ1世がその名の由来となった。

　後にソビエト連邦に吸収され、現在はロシア領である。人類未踏の地で、訪問が許されたのは最近のことである。

　ここではヘリコプターとゾディアックで諸島周辺を見て回り、上陸もした。鳥や動物などが多く生息する諸島で、北極熊、タテゴトアザラシ（背に竪琴のような黒い模様がついている）、セイウチ、カモメなどの海鳥が島中に存在する。

　ハイライトはノルトブルク島。歴史上有名なフローラ岬のキャンプ（北緯79度57分、東経50度05分）を訪問することである。ここは19世紀末から20世紀初頭にかけて北極探検基地が設置された場所である。

　歴史を簡単に説明しておこう。1893年にノルウェーの探検家である

フリチョフ・ナンセンはヒャルマー・ヨハンセンを含む6人編成の探検隊を率いて北極点到達を目指していた。フラム号で航海するのだが、実際には船を航海するというよりも氷に閉じ込められて漂流して進むことを計画していた。しかしうまくいかず、ただ漂流するだけとなってしまい、船を離れることになった。

ナンセンは、体力と精神力が1番あるヒャルマー・ヨハンセンを連れて、2人で犬ゾリで北極点へ向かった。しかし予想以上の悪天候のため、北緯86度14分に達した地点で断念。フランツ・ヨーゼフ諸島に引き返した。そしてそこで越冬生活を強いられた。セイウチや北極熊の肉を食べて生き延びたという。

一方、英国の探検家フレデリック・ジョージ・ジャクソンは、北極点に到達するために、新聞王アルフレッド・ノースクリフ出資の元、1894年に探検隊を率いて出発した。フランツ・ヨーゼフ諸島が北極点につながっているという間違った情報の元、1896年にフランツ・ヨーゼフ諸島に到達。そして1985年から越冬しているナンセンとヨハンセンに、1896年6月に偶然遭遇したのである。その場所がここである。

その時のジャクソンとナンセンの驚きはいかほどであったものか。よってナンセンらはジャクソン探検隊に加わり、救われたのである。しかし、誰も北極点には到達できなかった。

さて、私はヘリコプターに乗ってフローラ岬に上陸。植物、実際はカラフルなコケや地衣類（藻類と共存する子嚢菌で、木や幹の岩の上にかさぶたのように生えている植物）であるが、赤色や緑色が映えてとてもきれいだった。いわゆるツンドラ地帯である。

キャンプ跡地には、記念碑が立てられていた。この歴史的に有名な場所に立って、探検家達の北極点への思いを感じとった。そして自分

フローラ岬　フランツ・ヨーゼフ諸島

がこの時代に生まれ、最新の技術で北極点へ到達できたことに、一層感謝した。

　また現在では閉鎖されている調査基地や大きな氷河が漂うカルム湾にも行った。そしてルビニロックと呼ばれる大きな岩に船で近寄った。

　この岩は海鳥の生息地である。ヒメウミスズメ、ウミバト、ミツユビカモメなどが巣を作って生息している。なんと白色と黒色をした鳥がたくさん止まっていて、ピーチクパーチク大きな声で鳴いていた。ヒメウミスズメのようだったが確かではない。その色や形はペンギンを思い浮かばせるものがあった。

　話によると、大昔地球の大陸が移動した際に、この鳥の先祖が地球の北と南に分かれて、北は空を飛べる鳥、南は鳥であっても空には飛

べないが、海中で泳ぐことができるペンギンになったという。
　ちなみに、北極圏にはペンギンはいない。適正存在というべきか。北極熊とペンギンは共存できないようだ。だから南極に北極熊はいないのだ。
　また、低飛行でヘリコプターから眺めるフランツ・ヨーゼフ諸島は、青空の下で光輝く真っ白い宝石のように美しかった。青い海、真っ白い氷山と氷、そして生物が共存共栄しているすばらしい世界である。ヘリコプターからは、高い山や巨大な氷河が見えた。人生で初めて目にする想像を絶する巨大氷河であった。
　ゾディアックで移動していたある時、私の乗っているゾディアックが故障してしまい、漂流してしまった。海軍出身の3等航海士のサーシャーがゾディアックを運転していたが、エンジンをかけるために引っ張る「細いロープ」が根こそぎとれてしまった。このエンジンは日本のヤマハのエンジンである。実際にはエンジントラブルではなかったのだが、エンジンのひもがいとも簡単に切れてしまったことで、エンジンがかからなくなってしまった。私は「日本製だよね」と言われて、はてな？　皆、愕然とした。
　ヤマルはすぐ目の前に見えるが、海の上では距離感がつかめない。
　サーシャーはすぐにヤマルと無線で連絡。すると汽笛が2回なった。2回なると救助が迎えにくるという意味だ。でもなかなか救助は来ない。ヤマルがだんだん小さく見えてきた。ゾディアックがだんだんヤマルから遠ざかっているのだ。残りのゾディアックはすべて外に出払っていて、船に1台も残ってない。だから別のゾディアックが近くを通るまで待たなければならない。
　寒くなり体温が下がってきた。とうとうヤマルが見えなくなってし

まった。するとまた汽笛が2回なった。救助が向かっているから、もう少し我慢するようにとの意味であった。ようやくゾディアックのゴーゴーという音がかすかに聞こえてきた。私達を探しているのだ。やっと救助に来てくれた。そのゾディアックは私達のゾディアックにロープをひっかけてヤマルまでひっぱってくれた。無事に船に戻った私達は冷え切った体を温めた。寒さで体力を消耗していたので、おいしいものをたくさん食べた。終わってみれば他人が体験してない、1つの思い出となった。

その後、ヘリコプターでチャンプ島上空を周遊。白く輝く美しい島をシニックフライトで楽しんだ。

■ 1996年8月21日

この日はバレンツ海峡に入り、ロシア領のノバヤゼムリャ島へ向かった。面積はおよそ90650平方キロ、標高は1547メートル。27％が氷河に覆われている。ここは、1596年にオランダの探検家であるウィレム・バレンツ隊一行16名がノヴァヤゼムリャの北端を回り、東北岸で越冬したところだ。その跡地が残っていたが、屋根や柱として使用した木材は地面にちらばっていたので、当時の様子はあまりわからなかった。バレンツ氏はこの地で命を落としている。1990年には北極観測所が設立された。

また冷戦時代にソビエト連邦の軍事的な重要拠点であった。当時は島の南部にロガチェボ空軍基地があり、インターセプター機を配備していた。また核実験のための戦略的な支援施設でもあった。そのため今でも上陸には許可がいる。最初は許可が降りずに、通過するだけだったが、運よく途中で許可が降り上陸できた。ヘリコプターに乗って

上陸し、国から許可が下りている範囲内を探索した。なかなか訪れることができないこの場所に自分の足で降り立ったことには大きな意義があった。

その後、船はロシアの港町、ムルマンスクへと向かった。

最終日にお別れパーティーが行われることになった。全員なんらかの芸を披露するという。船員も乗客もその準備を始めた。

私はコーラスに参加し、船長をたたえるロシア語の歌を練習した。ロシア語で船長のことを「キャピタン」という。ちなみに英語では「キャプテン」。まさか北極点でロシアを学ぶとは思ってもみなかった。

数回練習すると、ロシア語の発音にも慣れてきて、知らず知らずの内に、自分で口ずさんでいた。

そしてお別れパーティーの日がやってきた。どのような芸が披露されるのか楽しみだった。食事をはさんで、船員と乗客による芸が次から次へと披露され、やっと自分の順番が回ってきた。今まで練習してきた歌を船長の前で披露。どうにかロシア語が通じたようで、船長は喜んでいた。なぜだかその言葉とメロディーが未だに頭の中に残っている。

芸の中でもおもしろかったのが、ロシアの船員が披露した二人羽織ゲーム。まさかロシアにもあったとは……私も子供の頃に学校の学芸会でやったことがある。二人羽織は着物の背中に1人別の人間が入って袖から両腕を通し前の人の手の代役をするゲームである。本物の食事をしている場面もあり、食べ物が鼻に入ったり、服にかかったりして、笑い転げていた。無事に口の中に入った時には、思わず皆で拍手。それを聞いて感覚がわかったのか、その後はうまく口の中にいれ

ることができた。こうして楽しいお別れパーティーも終わり。荷物を整理して、下船に備えた。

当たりを見回すと氷の世界が終わり、海が一面に見えてきた。また夕焼けも見られるようになった。8月22日に無事にロシアのムルマンスクに到着し、北極点の航海を終えた。

北極点への冒険の終わりと新たな人生の始まり

■ 1996年8月22日

ムルマンスク港で砕氷船から下船した後、お世話になった乗組員に別れを告げて、バスに乗車。

そして北フィンランドのイバロへ向かった。その後、ヘルシンキへ飛んで、1泊した。翌日の8月23日に皆と別れを惜しんで、解散。

オーストラリアに戻った私は、すぐにシドニー大学に戻り、失った3週間を取り戻すべく、修士の勉強を再開した。今度は自分の学業の航路を修正して、元に戻さねばならない。ヤマルが見せてくれた強い推進力が、私にとっては「前に進んで行く強い意志」となって私を押し進めた。そして無事に卒論を仕上げ、卒業した。

この冒険が教えてくれたことは、「計画をたてて必要な準備をし、明確な目標をもってひたすら努力すれば、不可能だと思われていることでも達成できる」ということだ。

私は、さらに学業の計画を立て、前に突き進んだ。そして不可能だと思われていた国際政治学の博士課程へと進んだ。そして4年後に無事に博士過程を修了することができた。

北極点到達第2弾！

　私は2000年にもう1度、ヤマルに乗船して北極点へ到達している。2回目の北極点到達である。今回は、ノルウェーから北極点、そしてロシアのムルマンスクへと戻る航路であった。またフランツ・ヨーゼフ諸島やノバヤゼムリャ島へも行けた。1回目とは違ったおもしろい、また貴重な体験をしたので、それだけ紹介しておこう。

■ 北極熊と遭遇

　北極点到達後にフランツ・ヨーゼフ諸島に入った頃のことである。静まり返った夜の2時頃、といってもまったく昼間と同じように太陽が出て明るいが、急に船内放送が流れた。飛び起きた私は、いったい何が起こったのかと心配になった。船の近くに北極熊が現れたので、デッキに出れば見られるという案内であった。これは超ラッキーなこと。

　いままで北極熊は、ほぼ点くらいしか見えなかったのが、今回は間近で見られる。暖かい服に着替えて、一眼レフカメラとビデオカメラを持ってデッキへと向かった。

　もう既に多くの人が三脚を立ててカメラの撮影をしていた。船の下を見ると北極熊がヤマルまで急接近。この周辺の北極熊は、身長2メートルから3メートル、体重600キロから800キロほどある。でもこの熊は北極熊にしてはそれほど大きくなかった。その無邪気な様子がなんとも言えず可愛らしかった。しばらくするとかなり大きい北極熊が遠くから現れ、私達の船に大接近した。そう、実は親子だった。親子

で一緒にいる北極熊に遭遇することは珍しい。20分以上、私達の前に立っていた。北極熊にとっても私達にとってもお互いが珍しい存在なのだ。絶好のシャッターチャンス。北極熊の親子に逃げられないように、皆で「シー」と言いながら写真やビデオ撮影をした。

　しばらくすると親子は船から少し遠ざかり、近くの氷の割れ目の方に一緒に歩いて行った。そして氷の割れ目に行くと親が顔で子供に何か指図しているようだった。「自分の食べ物は自分で捕りなさい」と。親が子供に餌の捕まえ方を教えていたのだ。北極熊はアザラシを捕まえて食べるという。多くはワモンアザラシやアゴヒゲアザラシだが、時にはセイウチも捕まえる。

　子供は氷の割れ目が怖いようで、前に進めず「クンクン」泣いていた。北極熊の泣き声をなんと表現したらよいのかわからないが、とにかく大きな声を出して怖がって泣いていたのだ。しかし親に押されて氷の合間に転落。慌てふためいていた子供は必死に氷の上にあがろうとしていた。それを助ける親の姿。その様子を皆でクスクス笑いながら見ていた。また子供の北極熊を「よーし、がんばれ！」と応援した。私も子供の北極熊を応援しながら、その様子を一部始終、写真とビデオに収めた。そのような親子の様子が1時間ほど見れた。北極熊の親子は、その生の生活ぶりを私達に十分なほど見せてくれた。この時に撮った私の映像は、テレビで放送されている。それほど貴重な映像となった。

■ 船上の伝言ゲーム

　いつ頃だったか覚えてないが、ヘリコプターに乗る順番を船尾で待っているときのことだった。急に船が止まり、静かになった。船内放

送はまだない。伝言ゲームのように、いったい何が起こったのか、船首にいる乗客から次から次へと船尾にいる私達にその情報が伝わってきた。そして私のところに伝わった話は、既につじつまがあわない内容になっていた。なにやら、「耳がはえている氷山のようなものが船にぶつかった？」もしかして氷山に衝突？　タイタニックの悲劇が私の頭を横切った。でも私達が乗船しているのは世界最強の砕氷船だ。沈むことはあるまい……いや、タイタニックは当時不沈船と言われていて、沈んだわけだ。タイタニックが実際に氷山と衝突したときは、乗客はあまり気付かなかったという。今回の経験も同じだ。衝撃は感じなかった。ということは、本当の話？

　すると船内放送が流れた。「先ほど、北極熊がヤマルにつかまろうとしたので、船を止めました。北極熊を休ませてあげたいので、船をしばらく止めます」と。耳がはえている氷とは、なんと北極熊だったのだ。温暖化のせいで氷が溶けてしまい、長い距離が泳げなかったこの北極熊は、私達の船につかまって休憩したのだ。実際、長い距離を泳ぎきれずに途中で溺れて死んでしまう北極熊もいるという。その犠牲の多くは生まれて間もない北極熊の赤ちゃんだ。なんと痛ましいことだろう。人間が引き起こした温暖化現象。北極熊が被害にあうとはいったい誰が想像したであろうか。人間は罪深いことをしている。このように感じたことは、今までなかった。でもその少しの罪滅ぼしとして、ヤマルを止めて、北極熊を休ませてあげることができたのは、本当にうれしいことだった。

　そしてその北極熊は十分に休憩できたようで、また泳いで行った。そして私の船も動き出した。

■ ロシア原子力潜水艦クルスク沈没事故

　まだフランツ・ヨーゼフ諸島を周遊していた頃、あるニュースが船内に伝わった。2000年8月12日に、ロシア原子力潜水艦クルスクが爆発事故により海底に沈んだままだと言う。乗組員らは全員、潜水艦の中に閉じ込められたままらしい。しかもその場所は、私達が着港するムルマンスク港のすぐ手前。ヤマルもよぎなく航路を大きく変更せざるを得ないかも。もしそうなると着港する日時も遅れる可能性もある。皆、帰りの飛行機を予約していたので、遅れることだけは避けたかった。

　潜水艦の状態や、乗組員の生存に関するニュースが、次から次へと流れた。このままの状態だと航路変更はやむをえないという状況になった。しばらくすると、海底での救助は不可能で、乗組員らは全員絶望との見方が広まった。その結果、ヤマルは航路を変更することなしに、事故現場の海上をそのまま運行することとなり、着港は予定通りとなった。

　私達はホッとしたものの、潜水艦事故で亡くなられた乗組員やその家族の悲しみはいかほどであっただろうか。私達は偶然にも事故現場を通過する。皆で死者を弔おうではないかという提案が出された。その考え方は、西洋人の乗客から出たようで、即刻実行された。「皆様、食堂にお集まりください」と船内放送があった。

　私は少し遅れて食堂に行ったが、何やら誰かが大きな紙に描いた北極点を上にした世界地図を手にしていた。それをなんと船内でオークションにかけていた。そしてその収益金を遺族へ寄付するという。なんとすばらしい発想なんだろう。この船にはとてつもない金持ちがたくさん乗船している。だから高く売れることは確かである。

地図は誰が描いたかわからないが、素人の私が見ても、決して上手とは思えなかった。このアイデアを思いついた誰かが、即席でさっと描いたのだろう。でも上手下手は関係なかった。オークションをして見舞金を集めることが大切であり、それには十分であった。そのやさしい心が大切であった。

　そしてまもなくオークションが本格化した。多くの方が手をあげて入札が始まった。最初は10ドル単位だったが、すぐに100ドル単位となった。すると手を挙げる人の数は半減した。そして1000ドル単位となった。そして数人が競い合った。やがて値段は1万ドル単位に。すると2人だけが残った。その2人は譲ろうとしない。

　1人はアメリカ人、もう1人はオーストラリア人だった。妥協策として、2人に落札させることにした。アメリカ人にはこの地図を、オーストラリア人には逆さ地図（いわゆるダウンアンダーといって、オーストラリアが地図の上で北極点が地図の下にくる世界地図）を作って、それを同じ値段で落札することで決着。これで相当な額が遺族に寄付されることになった。

　その後、思いもかけないことが起こった。落札したアメリカ人の男性が、この見舞金は、私個人からではなく、ヤマルの乗組員と乗客全員からの見舞金として、船長が代表で遺族に直接手渡すことを申し出てきた。盛大な拍手が鳴り響いた。私はその男性に興味をもった。この金持ちは、見栄を張ってそのようなことを皆の前で言ったのか、それとも本心で言ったのか。実際のところ知りたくなった。

　そして、解散後に私はその男性に声をかけた。

　顔を見た瞬間、私は悟った。この人は本心でそれを望んでいると。純粋な目を見て私はそれを疑うことはなかった。そして恐る恐る一言

だけ聞いた。「ヤマルの乗組員と乗客全員からの見舞金ということは、私も寄付したことになるのですか」。すると「もちろんそうだよ」と一言言ってくれた。

カヤの外にいて何もしなかった私が、なんとこの方を通して寄付ができるとは。私はその男性の姿が見えなくなるまでずっと見届けていた。大きい人間、いや大きい魂の持ち主なんだなぁ。生涯かけて私が追いかけていくような人の姿であった。このような人と巡り合う「チャンス」が与えられたことに感謝した。

よく考えれば、企業が巨額な寄付をするときも、これは企業が寄付したというだけでなく、企業の株主やその商品を買った消費者も寄付したことを意味する。このことを企業や株主、消費者が理解することが大切だ。

余談になるが、その後、私は、決して金持ちになったことはないが、自分よりも貧しい人達に、自分ができる貢献を心がけている。

たとえばアフガニスタンでは立ち寄った学校に日本製のペンを寄付した。他の国でも学校を訪れては、日本の玩具や文房具を寄付している。生徒全員に行き渡るほどの数は寄付できないが、子供達を励ましたい自分の気持ちは伝えることができる。またアフリカなどの貧しい国では、食べ物を与えたり、1ドル札を数十枚持って行って、貧困や飢餓で苦しんでいる人達に分け与えている。国によっては、1ドルは1日の収入である。それは一時の救いであることはわかっている。しかし目の前に困っている人がいれば、少しでも助けてあげることが人としてなすべき行為だと思う。

私ができることは微々たるものである。しかしこれと同じようなことを、貧しい国を訪問する日本の若者がすれば、すばらしい国際貢献

につながっていく。実は、私は、個人レベルの国際貢献が認められ、2010年に日本善行会より「国際貢献部門」で表彰された。微々たる個人レベルの国際貢献であるが、それが世界に救いをもたらすことを覚えておこう。

南極大陸への冒険

はじめに

　南極大陸は、白い氷や雪で覆われた世界最大の大陸である。また鉱物などが多量に埋まっている資源の宝庫でもある。私にとっては、神秘的で未知の大陸である。面積は1400万平方キロ。地球の全陸地面積の8.9％を占めている。南米から約1000キロ、オーストラリアから約2250キロ、南アフリカから約3600キロの距離だ。

　実は、私は南極大陸へ3回行っている。1回目は南極半島クルーズ、2回目は南極大陸上空飛行、3回目は南極点到達である。最初の2回は、南極大陸入門コースと言ったところだろう。南極点到達は上級コースだ。それぞれ特徴ある体験で、違った思い出がある。それでは最初に、1回目の南極半島クルーズの体験を紹介しよう。この内容はテレビ番組でも取り上げられたほど、感動的な旅となった。

南極半島クルーズの旅（1回目）

　1994年、私がオーストラリアのメルボルンにいたころ、通りがかりの旅行代理店の窓に「南極大陸クルーズ」の宣伝広告が貼ってあった。もう既に南極大陸に行ける時代になったのかと興味をもった。しかし当時学生であった私は旅費がないことはわかっていたので、関心はあっても、行くことは考えてなかった。

　何回かその場所を通った後、話だけは聞いてみようと旅行代理店に立ち寄った。受付にカウンターがあり、そこで南極大陸クルーズのことを尋ねると、親切に説明してくれた。全行程は10日程。メルボルン

から世界最南端の町、アルゼンチンのウスワイアまで飛行機で飛び、そこでクルーズ船に乗って南極半島を周遊するという。美しい氷山、氷塊、氷床、ペンギンやくじらなどの多くの野生動物が見られる。またなんと温泉もあるので、水着姿で泳げるとか。神秘的で未知の南極大陸へ行きたい思いがだんだんとつのってきた。そして費用はというと……船は豪華クルーズ船ではなく、50人ほどしか乗れない観測船なのでそれほど高くないという。そして提示された金額は、3000豪ドル。30万円ほどだ。それ以外に飛行機代がかかる。ざっと見て20万円ぐらいで、合計で50万円か。このままアルバイトをしつつ節約すれば貯まる金額であった。

　また時期は12月。大学が夏休みの時なので、時期的にはタイミングがよかった。「チャンス」が訪れた。

　数カ月後にお金が貯まり、ツアーとフライトの予約をし、支払いも済ませた。これからが本当の準備だ。防寒服や防寒具など一式そろえなくてはならない。準備リストが送られ、それを元に必要なものを購入した。

　服装は寒い時は上に重ね着し、暑いときはすぐに脱げるように、工夫する必要があった。靴下も同じ様に重ねて履けるように薄手と厚手を購入した。マフラーや手袋も別途そろえた。靴は膝下まであるゴム長靴。大陸の上を歩いているときに氷の中に足が沈んでも中が濡れないようにするためだ。足が冷えたら凍傷の危険性が出てくる。サングラスは、側面から太陽の光がはいらない側面カバー付きが必要だ。雪焼け用のクリームも必需品である。最も大切なのは、酔い止め薬だ。私にとってこれが初めての本格的な船旅になる。特に南極圏に入るために通過しなければならないドレーク海峡は、地球上でもっとも荒れ

た海と言われる。つまり船がかなり揺れると予想される。船酔い対策として、船酔いブレスレットを手首につけ、耳には船酔いイヤリング、そして船酔い薬を用意した。3段構えの準備だ。準備万全。このように半年ほどかけて準備。やっと出発の日がやってきた。

■ アルゼンチンへ出発

メルボルンから、アルゼンチンのブエノスアイレス経由で世界最南端の町、ウスワイアへ丸1日かけて到着。南極に最も近い世界最南端の町ティエラデルフェゴの都市である。

地球の果てまでやって来たと感じたが、これから向かう南極半島は本当に地球の果てである。集合場所のホテルに到着してから、他の参加者と合流。探検リーダーにも会った。オーストラリア人だった。その時、乗船するはずの観測船が、太平洋で台風に遭遇し遅れているというニュースが入った。到着するまでウスワイアの町で待機するという。といっても退屈してしまうので、主催者は現地ツアーを無料手配してくれた。気をきかしてくれたのはありがたいが、南極クルーズの日数が減ってしまうのではないかと心配になった。

待つこと2日、やっと観測船が到着。乗船の日がやってきた。ロシア観測船で、船長、航海士、船員も皆ロシア人であった。船の中にいながら、まるでロシアの国にいるような感じだ。

船名は「プロフェッサークロモフ（M/V Professor Kromov）」、別名「エンダービの精神」「Spirit of Enderby」と呼ばれる。サミエル・エンダービという英国の軍人が1830年代に共同経営していた会社を通して、3度の南極探検を行った精神にちなんだ名である。ちなみに南極大陸のエンダービランド（Enderby Land）は、同社に捕鯨船員

として雇われていたジョン・ビスコ（John Biscoe）が、1831年にこの土地を発見した時に命名したものである。またゾディアックが備え付けられている唯一の観測船である。

全長72メートル、総トン数：2142トン、全幅：13メートル、竣工年：1983年、定員：60名、登録国：ロシア、1156馬力、ディーゼル・エンジン、巡航速度12ノットである。

各自、自分の荷物を持って乗船。船員さんが客室に案内してくれた。その時にロシア人の船員から「あなたは日本人ですか」と英語で聞かれた。「そうです」と答えた。そしてキャビンの使い方の説明をしてくれた。キャビンは狭かったが、十分に生活できる広さはあった。衣服や洗面道具をスーツケースから出して、次の1週間生活しやすいように配置した。そして出港時に船橋へ行き、出発の瞬間を待った。船はその後すぐに出航した。南極大陸へ向けて出発！　その後、また別のロシアの船員さんから、「あなたは日本人ですか」と英語で聞かれた。「そうです」と答えた。日本人がそれほど珍しいのか。何回も聞かれたので、ちょっと不思議に思った。すると2人の男性が私の前に現れて、また同じことを聞いてきた。「あなたは日本人ですか」と英語で聞かれた。「そうです」と答えた。すると、「私達は日本人にお会いできるのをずっと待ち望んでいました」と話を切り出した。その人は船長だった。横にいる人は船員さん。航海士のようだった。船長はそのいきさつを説明してくれた。

「実は昨年、日本海を航海中、この航海士が激しい腹痛をひきおこし、船から1番近い病院までヘリコプターで搬送され、治療を受けました。それが日本の病院でした。そこで彼は迅速で適切な処置を受けて、一命をとりとめたのです。日本人は彼の命の恩人です。その時は

あまりにも急で、混乱してしまい、今では病院の名前や場所もはっきり覚えていないのです。また常に船に乗っている私達にとっては、病院を探すことは不可能です。そこでもし日本人にあったら皆でお礼を言いたいと常々話してました。そしてまさかこの船に日本の方が乗船してくるとは思ってもおらず、それを知った私達は、お礼を言いたくなったのです。彼を、私を救っていただきありがとうございます」

　それを聞いて、私は唖然とした。そして「ちょっと、待ってください」と言った。南極大陸クルーズの始まりが何と、このような大それた事態に。私は病院とは無関係なのだから、感謝されるに及ばない。躊躇するというか困惑してしまった。「病院のだいたいの場所がわかれば、調べて連絡します」と話したが、「日本人のあなたに感謝できればそれで十分です」と言われた。私はその時に思った。私は1億2千万の日本人でたった1人、この船に乗船してる。だから私は日本人の代表なのだ。もう断ることはできない。日本人を代表して、船員らの感謝の気持ちを受け取らなければ、いや、受け取るべきなのだと考え直した。命を救われた船員は、私に感謝の意をこめて記念品をくれた。それはなんと……「くじらの歯」であった。生まれて初めて見た本物のくじらの歯だ。両手でつかめるほどの大きさがある。象牙のようにきれいだ。その歯に船の絵が掘られていた。裏側に、私の名前と今日の日付を掘ってくれた。「For Masayo Goto, Antarctic M/V Professor Kromov, 19.12.94」。私の日本人としての目覚め、国際人としての始まりを記念する宝物となった。ちなみに、私は国際人を「国際人とは、分け隔てなく世界の人と接し、自分の国を敬うことができる人」と定義している。2004年8月9日に出演した「はなまるマーケット」で、ベッキーさんにメッセージとして送っている。多くのこと

南極クルーズ船の船長（左）　病気になったクルー（中）と私（右）

を考えさせられた1日であったが、自分が少し成長したような1日でもあった。少しうれしい気持ちになりながら、床に就いた。

■ 南極半島までの道のり

　翌日は非常時の説明と非難訓練が行われた。そしてドレーク海峡（フランシス・ドレークにちなんでつけられた海峡）に差し掛かったころ、船は極端に左右に揺れ始めた。この海峡を抜けるには2日間かかる。船の手すりにまともにつかまることもできないほどの横揺れだ。すぐに酔い止めの対策をとった。これで万全と思っていたが、とんでもない。船酔いは一向におさまらない。しかし最悪な事態はこれからであった。

　船はまともに歩けないほど、さらに横揺れし、私はベッドから起き

クジラの歯　表

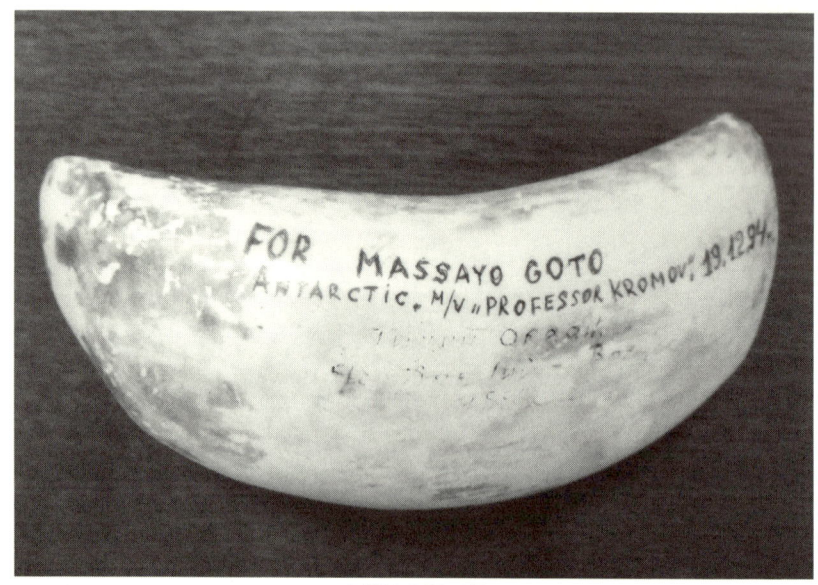

クジラの歯　裏

られなくなってしまった。うつ伏せになって、お腹をベッドに抑えつけて耐え続けた。リーダーが気をつかって食事を船室まで運んでくれたが、極度の船酔いのためにひとつも口にできなかった。最悪と思われても、それが最悪ではないこと、最悪には底がないことを本当に実感した。

翌日、嘘のように揺れが収まり、周辺が氷に覆われた世界に一変した。南極圏に入ったのだ。結局、酔い止め対策は全く効果がなかった。帰りも同じ体験をすることを考えるとぞっとしたが、今は考えないことにした。

■ 南極半島に到達

南極半島は南アメリカ大陸に向かって長く伸びており、半島の長さは1300キロ、95％が氷床で覆われている。

クルーズで訪れるのは、南緯約73—63°、西経65—70°のあたりである。ここを今後1週間ほどかけて、船やゾディアックで周遊する。また船内では、探検リーダーをはじめ極地のエキスパート達による講義が行われた。また南極の自然環境保護の観点から、訪問の際の注意点の説明もあった。外ではゴミを捨てないこと、もって行ったものはすべて持ち帰ること、人間の自然廃棄物を出さないこと、生物に触れないこと、ペンギンには5メートル以内に接近しないこと、何も持ち帰らないことなどであった。

南極半島には南極大陸の哺乳類や鳥類などの動物がたくさん生息しており、野生動物の宝庫とも言われている。動物たちの生活の様子が間近で見られる。もしかしたら動物達の方から近くにやってきてくれるかもしれない。

またさまざまな色、大きさ、形の氷山や氷上などの浮氷も見られる。氷山や氷塊は真っ白だと思っていたが、氷の奥に行けば行くほど青くなる。氷山の隙間から覗いてみるときれいな青色が見えた。子供の頃によく食べた青い色のアイスキャンディーのように澄んだ青色だ。

　卓上氷山も巨大で非常に美しい。また海上に見える氷山はその一角にすぎず、そのほとんどが海の中だ。だからゾディアックで移動する際は、海中に潜んでいる方の氷山に衝突しないよう、細心の注意が必要だ。

　初日は、聳え立つ岩肌やスペクタクルな氷河があるルーメール海峡を通過。その美しい光景に心を奪われた。ここは南極半島クルーズのハイライトの１つだ。

　さらに、船は南にあるピーターマン島へ。氷山が行き交う海峡の中の島で、ブルーアイ鵜やトウゾクカモメ、アデリー（中型で黒と白の色をしている通常のペンギン。体長60―70センチ、体重５キロ）やジェンツーペンギン（中型のペンギンで、両目をつなぐ白い帯模様が特徴。体長は75―90センチ、体重は５―8.5キロ）の生息地である。ポートロックベイには、イギリスの観測基地があり、現在では博物館になっていて、お土産屋もある。また郵便局も兼ねている。ここはジェンツーペンギンの大営巣地でもある。

　途中で、スタッフが南極の氷を入れたオンザロックのカクテルを作ってくれた。お酒が飲めない私は、水に氷を入れて乾杯！　氷山からは海水ではなく真水がとれるので、もちろん飲めるのだ。何ともいえないまろやかな味でおいしかった。

　その後、地球上で最も美しいといわれるパラダイス湾へ向かった。

氷山

　パラダイス湾は、南極クルーズのハイライトの1つ。氷河が流入する静かな湾で、これぞ南極といった氷の彫刻につつまれた絶景が見渡す限り広がっている。美しいグレイシャーブルーの氷山が連なり、岸壁には南極アジサシ、鵜、海燕が巣を作っている。南ケルプカモメ、ウミツバメ、トウゾクカモメ、サヤハシチドリ、アザラシ、ウェッデルアザラシ、カニクイアザラシ、ヒョウアザラシ、シャチ、ザトウクジラ、ミンククジラも目にした。
　チリのゴンザレスヴィデラ基地やアルゼンチンのアルミランテ・ブラウン基地がある。
　ゾディアックを美しいグレイシャーブルーの氷山の前につけてもらって記念撮影。
　そうこう楽しんでいると、どこからともなく、黒い大きな物体が現

れた。リーダーが「あそこにクジラがいる。小さいからミンククジラだ」と教えてくれた。尾が少し見えたと思ったら、急に姿が見えなくなった。海深く潜っていったのだろうと思い、ボートの周辺を眺めていた。するとボートのすぐ下にうす暗い大きな物体が通るのが見えた。

　リーダーが「たぶんさっきのクジラだよ」と教えてくれた。クジラがまた現れてくれないかと思ってボートの周辺を見回していると、またクジラがボートの下を通って行った。今度ははっきりと見えた。やはりクジラである。そしてまたどこかに去って行った。すると周りに泡のようなバブルが見えた。それほど遠くではない。ちょうどクジラが潜ったところらしい。

　探検リーダーはこのバブルを「クジラの足跡」と呼ぶと教えてくれた。へぇー、面白い表現だ。クジラが残していった足跡なのだ。するとクジラはまだ近くに……念のためにボートの下をしばらく見つめていた。案の定、またクジラがやってきて、ボートすれすれの深さで通過していった。今度は間近に顔が見えた。それも顔が上向きになっているように見えた。愛らしい顔をしていた。もしかしたらこのゴムボートを仲間のクジラだと思ったのかなぁ……。

　クジラは好奇心が強く、人になつきやすいと言われる。人間もクジラもお互いに好奇心があるのだ。興奮のあまり、写真を撮るのをすっかり忘れていた。でもこのクジラは私の脳裏にしっかりと焼き付いている。永久に消えない写真だ。

　翌日、デセプション島へ向かった。南極唯一の温泉の湧く島である。ここが水着姿で泳げるという場所だ。火山の影響で地熱が高く、熱のために雪が解けて地表が現れている。ここが天然温泉のようにな

っていて、入浴できるという。世界最南端の温泉だ。しかしその場所が見つからなかった。断念してその近くで船を止めて海水浴を。海面まで降りて行けるように、デッキが降ろされた。

　温泉の近くなので、水は温かいということだが、南極の冷たい海の中で一体誰が泳ぐのだろう、と思いきや、次から次へ乗客がデッキを降りて泳ぎに行った。私はと言うと、形だけでもと水着に着替えて、デッキの1番下まで降りて行った。そこで足を海水につけた。「冷たい！」。泳げる状態ではなかった。するとなぜだかデッキが徐々に下がっていく。びっくりしてしまい私はデッキを上がろうとするが、下がる方が早かった。どうしたのだろう。遠くから船員さんが私に手を振った。「気持ちがいいから泳いだらいいよ」と言って、私が泳ぎやすいように、デッキをわざわざ下げてくれたのだ。というよりも、無理やり泳がせようとしたのでは……でも、もう冷たい海に浸ってしまったので、そのまま周辺を恐る恐る泳いでみた。すると気持ちがいい。あまり寒さを感じなかった。南極の海で泳ぐことになるとは想像していなかった。子供の時にがんばってプールで潜る練習をし、泳げるようになったことが、このようなすばらしい体験につながった。

　次に、サウス・シェドランド諸島を構成する三日月の形をしたハーフムーン島、キングジョージ島と雄大な氷河があるリビングストン島へ向かった。そこには無数のペンギンやアザラシがいた。あごひげペンギン（喉から後頭部に向かってあごひげのような模様がある。体長：75センチ、体重：4キロ）、ジェンツーペンギン、マカロニペンギンなどの営巣地である。ウェッデルアザラシ、ゾウアザラシ、ヒョウアザラシなども生息していて、探検リーダーにどれがどれだか教えてもらいながら、1つ1つ確認して写真を撮った。

ここでもたくさん島を上陸する機会があり、ペンギンも近くで見れた。
　ペンギンは人を恐れないという。しかし南極大陸条約の関係で、人はペンギンの5メートル以内に接近してはいけない。もちろんペンギンの通り道を邪魔してはいけない。私は、ペンギンさんの通り道をお邪魔にならないように、ペンギンをまねて体を左右に動かしながらゆっくり歩いた。やはり人間の方が歩くのが早いので、そうこうしている内にペンギンさんに大接近。ぶつかりそうになる1メートルほどの手前で、なんとペンギンはユーターンした。衝突を避けるために反対の方向へと歩いて行った。へぇ、ペンギンは賢いのだ。でも本当に賢いのか、もう1度確かめたくなった。「ペンギンさん、ごめんなさい」と思いつつ、また反対側に進みペンギンめがけて歩いてみた。するとペンギンは、また1メートルほど手前でユーターンして反対に歩いて行った。別のペンギンの通り道でも同じことをしてみたが、やはりペンギンは衝突する前に、反転した。ペンギンさんは本当に賢いのだ。それだけではない。争いを好まないやさしい性格の持ち主なのだ。
　次にウエッデル海の方へクルーズ。北側の端にエレバス（Erebus）やテラーガルフ（Terror Gulf）が見えてきた。この海域には、氷海があり入江も広い。ここで、ゾディアックに乗って巨大な氷山の間を巡りながらスリルあふれる探検に出かけた。すると遠くにハンパッククジラとミンククジラが現れた。またユキドリも周囲に飛んでいて、南極半島に花を咲かせてくれた。
　次にポーレット島へ上陸。1903年に沈んだ南極号クルー達が建てたバラック小屋が残っている。ここには繁殖期には10万羽にも及ぶアデリーペンギンが生息している。これで南極半島クルーズも終わり。ま

た波が激しいドレーク海峡を2日ほどかけて通過し、ウスワイアまで戻った。多少慣れたのか、今回は船内の中を手すりにつかまって歩くことができた。でも、食事は喉を通らなかった。寝込まなかっただけでも、大きな前進である。下船時に船員さん、探検リーダー、スタッフにお礼を言って、別れを惜しみながら解散。私は贈り物としていただいた貴重なクジラの歯をしっかりと手にして、オーストラリアへ戻り、その後日本へ持ち帰った。

南極大陸上空飛行（2回目）

■ はじめに

　2回目の南極大陸は、オーストラリアのシドニーから旅客機で行った。南極大陸飛行（Antarctica Flights）と呼ばれ、クロイドントラベル（Croydon Travel）が主催している。4時間かけてシドニーから南極大陸へ行き、南極大陸の上空を4時間ほど飛行、その後に4時間かけてシドニーに戻ってくるという行程だ。所要時間は約12時間。

　上空、約3500メートルを飛行して、南極大陸を眺める。飛行ルートはシドニーから南磁極、デュモン・デュルヴィ、ハドソン岬、アデア岬、ワシントン岬、それからシドニーへ戻る。オーストラリアから下ると、南極大陸の東側を回ることになる。飛行機はカンタス航空を利用。私は1994年に参加した。そのきっかけは、突然訪れた。

　ある日、早朝の仕事が終わったあとシドニー空港で、南極大陸日帰り飛行の案内を見た。ツアーはその日にあった。運よくその日は数席空いているという。その後日はすべて予約完売。金額は800豪ドル。約8万円。高価だが、まだ見ぬ南極大陸の岬を見てみたいと思った。

船で行けば数週間かかるし、最悪のドレーク海峡を今度は5日ほどかけて通過しないといけない。いろいろ悩んだが、装備は不要でそのままの服装でよい、国外に出ないのでパスポートはいらないと条件がそろっていたので、その場で思い切って申し込みをした。搭乗口に行くと、何と乗客がペンギンや他の南極大陸の動物の衣装を身にまとい、ダンスしたり歌ったりと楽しんでいた。南極大陸はこうも人を楽しませてくれるものなのか。夢、希望、勇気と楽しみを与えてくれる大陸だと感じた。機内では、全員が南極大陸の景色が見れるように、機内放送に従って交代で窓側に座ることになっていた。そして、いよいよ搭乗の時がきた。

■ 南極大陸飛行

　飛行機の中は満席だった。そして皆、意気揚々としていた。私も興奮を隠せないまま、座席についた。そして高い上空から南極大陸がはっきりと見えるよう、天気がよいことを願った。やがて飛行機は離陸。機内では飲食類が出された。飛行機には科学者や氷河学者が搭乗しており、南極大陸の説明をしてくれた。

　そして数時間すると、氷山や氷塊がたくさん見えてきた。南極海へ入ったのだ。

　やがて南極大陸上空に到達。「これから南極大陸の上空を飛行します」と機内放送があった。外を覗くと晴れていた。これで南極大陸が鮮明に見れると、誰もが大きな期待をもった。南極半島とまったく違い、大陸そのものが見えた。きれいに澄んだ青い海と真っ白な大陸が眼下に広がった。そのコントラストが非常に美しかった。また地球が本当に丸く見えた。まだ目にしていない南極大陸そのものをやっと目

にすることができた。その美しさに酔いしれていると、真っ白いものが突然現れてきた。雲である。すると何も見えなくなってしまった。なんと残念！　これで運もつきたかと思いきや、通信衛星から得た天気の情報を元に、パイロットが飛行ルートを変えて、別の地点や角度から南極大陸を見せてくれた。なんと19ルートも用意されているという。なんだか同じところをぐるぐる回っているようにも見えたが、なるべく雲を避けてくれたので、飛行中はほとんど南極大陸を目にすることができた。その美しさは今でもこの目に焼き付いている。

　4時間くらいたった後、オーストラリアに戻る機内案内が流れた。これで南極大陸飛行は終わり。帰りはゆっくり飛行機の中で休んだ。そして4時間ほどしてシドニーに戻った。たった1日だけのミニ南極大陸飛行ツアーだったが、私には十分すぎるほどであった。いつかは南極大陸に立ってみたい、いや南極点に立ってみたいと、強い希望と冒険心がでてきた。

　そして私の心は、完全に南極点に奪われていた。

南極点への挑戦

■　南極点到達（3回目）

　私が真剣に南極点へ到達したいと思ったのは、2回目の北極点ツアーから戻ってきた後のことであった。そのツアーに、南極点へ到達した人が乗船していて、北極点到達の後には南極点へ到達すべきだと皆にしきりに勧めていたのだ。それが自然と私の次の冒険の目的地となっていた。主催者であるアドベンチャー・ネットワーク・インターナショナル（Adventure Network International〔ANI〕）の連絡先を教

えてくれたので、戻り次第メールで連絡をとった。

　アドベンチャー・ネットワーク・インターナショナルは、世界で唯一南極大陸の冒険旅行を実施している会社である。1985年以降、これまでに140回以上に及ぶ南極点飛行の実績を有している。またヴィンセント山（南極大陸最高峰の山で4897メートル）への登山や皇帝ペンギンサファリなどを実施している。

　メールを送るとすぐに連絡がきて、多くのことを教えてくれた。南極点へ行けるのは、南極大陸が夏の時期の11月から２月の間だけ。南極点到達方法はスキーによるトレッキングコースまたは特別装備のスキー・プレーンに乗って行くフライトコースから選べる。集合場所は南米チリのプンタアレーナス空港で、そこからチャーター機で南極大陸まで飛行。南極大陸の西側にあるエルスウォース山脈（Ellsworth Mountains）麓のパトリオットヒルズキャンプ地まで飛び、そこで南極点出発の順番が来るまで待つ。また天候の関係で、予定が大幅に変わることがあるので、いつ南極点に到達できるか、またいつ帰れるか保証できないことなどが書かれていた。

　費用も教えてくれたが、なんと高いこと。料金は日本円に換算すると300万円以上した。これはいくら働いても、５年越しだと思った。翌年には200万円貯めていたが、まだ100万円足りなかった。来年申し込もうと思っていた矢先、アドベンチャー・ネットワーク・インターナショナルから１通のメールが入った。「南極点到達500人達成スペシャルキャンペーン（FLY TO THE SOUTH POLE FIRST 500 PROGRAM）」という案内だ。なんと今年は、今季末までに南極点に到達する人の数を歴代から数えて500人を突破するという。日本円にして100万円ほど安くするので、南極点へ来ないかという誘いであっ

た。そうなると私はその時点で十分な参加費用を持っていることになる。

　ころがりこんできた幸運。待ちに待っていた「チャンスの扉」が目の前で開いた瞬間であった。もう2度とこのような「チャンス」は訪ずれないかもしれない。これを見逃す理由は1つもない。別料金の飛行機代はどうにか払えそうだ。

　しかし問題があった。それは仕事である。当時、大使館で上席政治調査官として勤めていた私は、いつ帰れるかわからないツアーに参加する余裕はなかった。仕事を失うリスクがあった。でも自分の運にかけることにした。そして一旦決めたら、もう迷わないと。迷うということは、やりたい気持ちが大きいからだ。「あなたの強い意志が、あなたの運命を変える！」。自分の強い意志で、自分の運命を切り開いていかねばならない。それも南極点と仕事と両方とも失うことなく「Win—Win」（両者とも勝ち取ること）の状態で。私は「チャンス」をしっかりとつかみ、すべての「チャンス」を手にするまで絶対に離さないと誓った。

　無事に全額支払いを済ませ、申し込み完了。その後、たくさんの書類が送られてきた。その中には準備する項目がずらりと記載されていた。これらすべてを準備するのは大変であった。まず、どこに行って買ったらよいのか、その前にいったい誰に相談すればよいのか……すべてがわからないままで、1人悩んでいた。

　とりあえず新宿近くの登山用品店へ寄ってみた。そこで意外な幸運に巡り合った。そのお店はなんと南極観測隊しらせ隊員に南極の装備を提供している会社だという。「チャンス」が別の「チャンス」を生んでくれた。私は店長に手取り足取り教えてもらいながら、何日も通

って装備を購入した。

　南極大陸の服装は、たくさんの防寒具が必要である。1番外側には羽毛たっぷりのパーカーとパンツを着用する。南極点はマイナス40度に耐えられるもの、キャンプ地はそれ以下でもよかった。キャンプ地の生活が長かったので、体が動きやすいようパーカーは少し薄めのものにした。色は上下とも真っ赤にした。防寒ブーツもキャンプ地の温度に合わせた。しかし厚手の靴下がはけるように、少し大きいサイズを選んだ。帽子は耳が完全にかくれるような大き目のデザインを、手袋はマイナス40度に耐えられる防寒用の手袋と、その下に着用するインナー手袋を購入。防寒用の手袋は風に飛ばされないように、左右両方を紐で結ぶことが義務付けられている。工夫してどうにか左右ひもでつなげた。インナーの手袋が必要なのは、万が一、防寒用の手袋が風で飛んでしまっても、インナー手袋があれば、多少の時間は手が守られるからだ。それから衣服はすべてポルエステル100％。綿が1％でも入っていると保温力が弱まるので持参禁止だった。が、少し入っていても大丈夫だろうと自己判断して、綿が5％ほど入っているものを少し買った。靴下も薄手と厚手を用意して、重ね着ができるように調整した。風よけのウインドブレーカーの上下も購入。何回もリストを読みながら、買ったものを確認して装備をそろえていった。そして出発の時がやってきた。1月2日から12日までに及ぶ南極点への旅路が始まった。

■ 2003年1月2日・3日

　1月2日に東京を出発し、北米大陸を経由してチリへと飛んだ。そして1月3日にプンタアレーナス空港に到着。空港にはアドベンチャ

ー・ネットワーク・インターナショナルのスタッフが迎えに来ていた。そしてホテルまで送ってくれた。集合先のホテルに着いて一段落。するとメッセージが届いていた。なんと……「悪天候が続いているので、南極大陸へ飛行機が飛べない状態です。プンタアレーナスで多くの人が足止めされているので、あなたの出発は1カ月後になります。このホテルに滞在してもよいですし、今回は帰国されて来年以降に延長してもよいです」と書いてあった。

　支払っている南極点ツアー料金はそのまま持ち越しされるので、失うことはないが、飛行機代だけ2回払うことになる。仕事のことを考えれば、すぐに帰国するのが当然の判断であるが、それは考えられなかった。それよりも、大きな夢を果たす直前の思いをそう簡単に捨て去ることができなかった。気持ちのよりどころを失った感じで、どこにどう自分の気持ちをぶつけたらよいかわからなかった。もうお金の問題ではない。とにかく行きたいのだ。それは他の人も同じであった。だからほとんどの人は帰らずに、このままホテルに残っている。到着するや否や、自分の夢が打ち砕かれてしまった。

　その後、アドベンチャー・ネットワーク・インターナショナルの事務所に直接行って、次の飛行機に乗せてもらえないか交渉したが、皆同じことをお願いしているので無理だと言われた。朗報は、翌日天気がよくなるので、飛行機が飛べるということであった。しかし、私が乗れる保証はない。「1人だけ、1人だけ、お願いします」と、ここで負けてはならぬと必死にお願いした。すると係りの人がどこかに電話して、1人だけどうにか乗せてもらえないかと頼んでくれた。返事は「イエス」であった。1月4日のことだった。晴れて翌日出発できるようになった私は、さっそく南極大陸ツアーの説明会に参加した。

最初に、私達をプンタアレーナスからエルスウォース山脈麓のパトリオットヒルズキャンプ地まで運んでくれる飛行機の説明があった。機体はイリューシン（Ilyushin IL-76TD）。エンジン4基がついているロシア製のジェット機だ。といってもソ連時代から存在している古い飛行機だ。元々は貨物専用機で、遠隔地まで積荷を運ぶ際に使用されていたという。シベリアなどの寒い地域へも飛行していたので、滑走路が短かったり、でこぼこであったり、または滑走路がなくても氷上に着陸できるという。直接南極大陸の氷上に着地できるので、南極大陸へは最適な機体だ。

　うわさによると、この機体は冷戦時代はミサイル運搬機だったとか。旅客機ではないことは確かだ。機内は座席もまともになく、トイレも簡易トイレ。出入口も運搬口を使用するということだ。もちろん帰りの燃料も十分に積んで出発する。その後、簡単にキャンプ地の生活の様子や南極点飛行の説明があった。

　次に荷物検査があった。女性の担当者が私のホテルの部屋まで来た。形式だけだと思い軽く考えていたが、それが真剣そのもの……。防寒服やブーツなどを完全に試着し装備を確認する必要があった。そして南極大陸へもっていく荷物を1つ1つ点検していった。最初に不可になったのは、綿混の衣類だった。たとえ綿が5％しか混ざってなくとも、禁止。帽子、マフラー、手袋、靴下もすべて点検された。それらはすべて合格だった。特に手袋は、指示通りにひもで左右をつなげたので、問題なかった。次に、1番外側に着用するパーカーとパンツを点検した。パンツはマイナス40度まで耐えられる防寒用だったので問題なし。しかしパーカーは……なんと不合格。それからブーツも。その理由は、南極点の寒さに耐えられるほど十分な保温力がなか

ったからだ。南極大陸のキャンプ地の生活に合わせてちょうどよいものを買ったはずなのに、その判断が間違っていた。1番寒い南極点の寒さに合わす必要があったのだ。ちなみにキャンプ地の温度はマイナス4度から15度前後。南極点はマイナス25度からマイナス40度だ。温度に差があるのは明確だ。落第したものはホテルに置いていかなくてはならなかった。せっかく上質のものを買ったのに残念だ。買い直さないといけないかと思いきや、運よく同じサイズのものがあるということで、無料で借してくれた。あぁ、これで助かった。不幸中の幸いである。でも色は緑。上下の色が合わなくなってしまった。ちなみに、帰国後にパーカーは店長が厚手のものに変えてくれた。次の冒険のために……。

　ノートパソコンはホテルに置いていった。寒さのために液晶が割れてしまうという。写真はデジカメのメディアに保存。ホテルに戻ってから、パソコンに移すことにした。

　最後に、荷物の重量の検査があった。機内はスペースと積載重量が限られているので、20キロを超えてはならない。ビデオカメラやデジタルカメラ、充電器などの精密機械があったので、実際の重さは制限を超えていた。これはまずい。またシャンプー類は不要だとのこと。それは滞在中、髪を洗わないからだ。何日間も……。もしかしたら1日くらい髪の毛が洗えると思って、1回分のシャンプーパックだけこっそり入れた。そしてあれこれ考えて、20キロ以下に抑えて、みごと荷物検査に合格。これほど厳しい検査だとは思ってもみなかった。終わって一息。

■ 2003年1月4日

　早朝、ホテルから専用バスに乗って、プンタアレーナス空港へ向かった。出国の手続きをした。そして搭乗口へ。初めてイリューシンを目にした。やはり貨物機のようだ。実際には貨物混載機である。機内へは上下に大きく開く貨物用のドアから入る。階段がないので、足元を見ながらゆっくりと入った。席は簡易式で、座り心地が悪い。おしりが落ち着く所がなかったので、どのように座ったらよいのか一苦労した。荷物は棚がないので、空いている床に置いた。

　やがて飛行機は離陸した。エンジンの騒音が機内まで響いて、隣の人の話し声もまともに聞こえなかった。機内サービスはといえば、軽食は出されたが、あとはセルフサービスで自分で飲み物を入れて飲むだけだ。機内には何もなかったが、幸い、操縦席（コックピット）には自由に出入りできた。南極大陸が見えてきたら、さっそく行ってみることにした。

　高度9450mから10670mの上空を飛んだ。パトリオットヒルズキャンプ地まで約5時間の空の旅。

　まもなくアルゼンチン・チリ間の群島のティエラ・デル・フエゴの上空を飛行。ここは南アメリカ大陸南端部に位置する諸島で、「火の土地」とも呼ばれる。島に多数の焚き火が見えたことからこう名づけられた。

　緯度60度に到達すると、氷海が見えてきた。ここから海が凍結する寒帯地域となる。この一帯を、南極収束線と呼ぶ。南緯50度から60度付近にある南極海流と亜熱帯海流の境界線で、南側に南極海流、北側に亜熱帯海流がある。この境界を挟んで水温が2〜3度異なるので、塩分濃度も急激に変化する。そして緯度66度に到達すると南極圏とな

る。ここからは、夏は太陽が沈むことはない。また氷山や棚氷がいたるところに見えてくる。大きいものでは、小さな国ほどの大きさがある。ペンギンやアザラシも見られる。

　南極大陸で最初に目にしたのは、緯度71度にあるチャコット島である。ベリングスハウゼン海にある大きな島、アレキサンダー島の近くである。南極大陸が見え始めたので操縦席へ行って、前方の大きな窓から壮大な景色を眺めた。太陽の光で輝く真っ白の大陸が目に見えた。これからここでどのような日々を過ごすのか、考えるだけで興奮してきた。

　しばらくたつと着陸の案内が流れた。「全員座席に座ってシートベルト着用をして、ブレースポジションをとってください」。ブレースポジションとは身構えて自分の身を守る姿勢のことである。この飛行機は滑走路がない氷上に直接着陸する。ブレーキをかけると機体のバランスがくずれ、事故の原因になる。着陸したらブレーキをかけずにエンジンを逆噴射にして、機体が止まるまで延々と待つ。そのために両手で頭を抑えて、体を身構えて万が一のために備えるのだ。

　まもなく、「ドスーン」という大きな衝撃と共に機体は氷上にタッチダウン。とにかく早く飛行機が止まってくれることを願ったが、待てども、待てども飛行機は止まらない。滑走路から外れては大変だと思ったが、元々滑走路はない。ということは、とにかく飛行機が停止するまで待たなくてはならない。しかし、止まらない、止まらない。本当に怖くなったが、皆もただ止まる瞬間を待っていた。

　すると、急に速度が遅くなった。もう少しで止まるのか？　まもなく完全停止した。どこからともなく拍手が聞こえた。見事な着陸。私も思わずパチパチと拍手。操縦士の腕は見事であった。無事にパトリ

オットヒルズキャンプ地に到着した。こうして私の南極大陸冒険の幕が開けた。

ここで簡単にパトリオットヒルズキャンプ地の説明をしておこう。パトリオットヒルズの位置は、南緯80度19分、西経81度61分、海抜約1000メートルにある。南極点から1076キロ離れている。気温は10月はマイナス30度、12月はマイナス10度くらいになる。しかし夏は24時間太陽が出ているので、それほど寒さは感じない。ちなにみに、真冬だとマイナス40度くらいになるらしい。パトリオットヒルズの時間はどうかというと、チリ共和国のプンタアレーナスと同じ時間に合わせている。つまり、グリニッジ標準時間（GMT）から3時間を引いた時間である。

飛行機が完全停止した後、各々十分な装備を身に着けて降りる準備を始めた。自分の足で南極大陸に立ってみると、そこは真っ白な雪と氷の世界であった。想像を絶する光景だ。また空気が一段とおいしく感じた。でもあまり寒く感じなかった。この後は自力でキャンプ地へ歩いて行かなければならない。「いったい場所はどこ？」「皆について行けばよい」ということだ。案内の標識などない。地表はアイススケートリンクがでこぼこしているようで、歩くことがかなり難しかった。足が滑って、何度も転びそうになった。

しばらく歩くと雪らしきものが見えた。そこに何人かいて、休憩しているようだった。私もその地点まで必死に歩いた。ここは氷の上ではなく、雪の上だった。だから滑らない。ちょっとここで小休止。

遠くにキャンプ地が見えた。この調子で歩くと時間が相当かかると思った。するとゴロゴロと何かを転がしている音が響いてきた。ドラム缶に勢いをつけて飛行機の近くまで転がしていた。飛行機に積んで

パトリオットヒルズキャンプ地

持って帰るらしい。一体そのなかに何が入っているのだろうか。その数の多さに圧倒された。ここから南極大陸到達を記念に、写真とビデオをイリューシンを背景に撮った。「やっと南極大陸に到達。やった！」と、嬉しさを精一杯表現した。

　そして30分ほど歩いただろうか、キャンプ地にやっと到着。そこは自給自足の村のようで、カラフルなテントが張り巡らされていた。ここは西南極大陸のエルスウォース山脈の麓に位置しており、さまざまな目的をもった冒険家が世界中から集まって来る。ここからそれぞれ自分の目的地へ出発するのだ。もちろん、私の目的地は南極点である。キャンプ地の前でも記念撮影。するとスタッフが私を見つけてくれて、メインテント（食堂テント）に集合するよう言ってきた。そこでオリエンテーションが行われ、今後の生活について説明があるとい

う。1番大きなテントらしい。とにかくそれを目指して歩いていった。もう雪の上だったので、滑る心配はなかった。

　メインテントの正面の扉から入ろうとすると、かなり高齢の西洋人の女性とすれ違った。その時に「ありがたい。ありがたい。本当にありがたい。自分は何もしなくても、ちゃんと南極点まで連れてってくれた」という言葉を耳にした。南極点から戻ってきたばかりの人だったらしい。おそらくこの女性は本心を語っていたのだろう。その言葉は私の心の奥まで響いた。私も現在の飛行技術を使用して、南極点へ連れてってもらうのだ。そりなどで、自力で行かなくても済むのだ。自分の力は微々たるものにすぎない。すべてに感謝しようと思った。

　テントの中に入ると、イギリス系の女性スタッフと西洋人の男性が何かもめている様子であった。「南極点へ早く行かせろ。行かせないと弁護士に連絡して、法律の力で行ってやる」というようなことを言っていた。その男性はすぐに立ち去り、その後目にすることはなかった。なかなか南極点へ行けず、イライラしていたのであろうか。するとその女性スタッフは、ちょうどすれ違った私にこのようなことを言った。「法律の力を使って無理やり南極点へ行くとは、まったく愚かなことだ。そこまでして自分の命を粗末にしたいのか」と。このしっかりした女性は、イギリス人のスタッフで、フランさん。責任者の1人である。私も彼女に大変お世話になることになる。

　南極大陸は神秘的で美しい大陸だが、人が生活できる環境ではない。問題が起これば、それを皆で解決して、仲良く過ごしていかなくてはならない。何かあったときに助けてくれるのも、ここにいる人達だけなのだ。誰が好き、誰が嫌いだと人を選んではいられない。人は

他に誰もいないのだから。

メインテントの中を見渡すと、たくさんの人がくつろいでいた。つまりここは食堂というよりも、ラウンジのように皆が集まっておしゃべりする所だ。退屈しのぎにもちょうどよい。誰かしら話し相手が見つかるだろう。またお湯をわかしているのもこの場所なので、このテントの中はいつも暖かい。私もこの場所が気に入った。

やがてリーダー達が続々と入ってきた。その中にフランさんもいた。そして今後の生活についてオリエンテーションが始まった。

最初に安全についてだ。キャンプ地内は自由に歩き回ることはできるが、決して1人でキャンプ地の外へ出歩いてはいけない。南極大陸には「クレバス」と呼ばれる大きな「氷の断裂」がある。いわゆる氷河の断裂である。深いところでは何十メートルもあるので、そこに落ちてしまうと、救出が困難なのだ。結局、寒さのために命を落としてしまう。それでは怖くて、どこにも行けないのかというと、そうでもない。そのクレバスの場所がどの辺りにあるかは、スタッフは衛星通信を通して常に把握している。つまり、スタッフと一緒に周辺を回るときには、心配はないのだ。もしその危険な場所を知りたければ、「あの辺りにある」と教えてくれるので、間違って行ってしまうこともない。自分の命は自分で守ること。自己責任の範囲だ。自然には決して逆らってはいけないと、肝に銘じて覚えておくことにした。

次に生活にかかせない水の説明。水源は限りないほどある。周りの雪や氷は海水ではなく雨水なので、そのまま飲める。水源となる雪の一角を柵で囲っているので、その中は立ち入り禁止。その雪をシャベルですくい、容器に入れてキッチンテントの中にある簡易浄水器できれいにして飲み水に変える。後ほど、詳しい説明があった。

次に、食事のことである。1日に3回食事が出される。朝食は朝8時。ビュッフェスタイルである。昼食は午後12時。スープとメインコースが出る。デザートはないとか。夕食は午後6時。前菜、主菜、デザートと豪華になる。また食材や味などの希望があれば、事前に伝えておく。そうすれば、希望の食事を作ってくれる。メニューは基本的には西洋料理である。またおやつなどもときどき出される。エクスカーションなどの小旅行や南極点飛行の時にはお弁当を作ってくれる。水もお湯も食事も十分にあるので、ひもじい思いをすることはない。

　その後に、トイレの説明があった。トイレは専用のイグルー（カナダのイヌイット族が住居としていた、氷のブロックを重ねて作ったドーム状の家）にある。いくつか便器があり、それぞれ布で分かれているので、プライバシーが保てる。しかし、尿と便と別々にしなくてはならない。便はそのまま、尿は備え付けのビンの中に入れて、隣に置いてあるドラム缶の中に入れること。慣れれば簡単だとか。南極大陸の自然環境を守るためには必要なのだから仕方がない。でも人間の体は、尿と便の排泄が同時にできるようになっているのに、それを別々にするとは至難の業だ！　オリエンテーションが終わり次第、すぐにトイレに行くことにした。

　また、顔を洗ったり、歯を磨ける洗面専用のテントもある。お湯で体を拭いてもよいという。バケツに少量の熱湯を入れてもらい、別途、バケツで多量の水を運び、熱湯にお水を入れてぬるま湯にして、タオルで体を拭くのだ。しかしほとんどの人はウエットティッシュやペーパー歯磨きを持参していたので、それを使用。その方が南極大陸の自然環境を守ることができる。私も極力、持参したウエットティッシュを使って顔を拭くことにした。しかし、シャワーやお風呂がない

ので、髪の毛の長い私は頭がかゆくなったり、くさくなることが心配だった。しかしここは地球上で1番乾燥している場所なので、汗をあまりかかない。髪を結わいて、毛糸の帽子の中に入れておけば、そう汚れまい。1週間くらい辛抱できると思った。

またゴミは持ち帰るか指定の場所に捨てること、カメラやビデオなどの精密機械は、常に衣服の中やベッドの中にいれて、低温から守ることなど説明があった。交通手段は、スキーやそり、Ski-dooと呼ばれるスノーモビルである。最後にスタッフの紹介があった。ほとんどの人が極地に慣れているカナダ人、アメリカ人、イギリス人、北欧の人達だった。シェフ、パイロット、医師、メカニック、無線士、天気予報士など、1つの村として生存するだけの専門家はそろっていた。しかし1番重要なこと、つまりいつ南極点へ行けるかの話はなかった。天気が良い日に出発するということだけで終わった。

オリエンテーションの後に、自分が生活するテントに案内された。外の小さな看板に「Ellsworth」と書いてあった。お部屋の名前らしい。近くにあるエルスウォース山脈と同じ名前だ。覚えやすいと思った。外観は小さく見えたが、中は広かった。2段マットレスのベッドが2つあり、その横に引き出し付きの小さなテーブルがあった。なにかと収納できるので便利だ。大人2人が十分に生活できるスペースはあった。もちろん暖房器具はない。火事になっては大変だからだ。でも風除けも万全で、暖かい太陽の光がいつも入るので、さほど寒さは感じないという。

また日が暮れることがないので、24時間明るい。太陽は頭の上を天使の輪のように24時間ぐるぐる回っているだけで、そこから下がることはない。しかし一旦ブリザードが吹くと、1メートル先も見えなく

なるほど視界が悪くなると言う。命取りになりかねない。幸い、滞在中は毎日晴天が続き、ブリザードに遭遇することはなかった。

　荷物を置いたあと、さっそくトイレへ。場所はすぐにわかった。中を見ると、普通の略式のトイレ。水は自分で流すこと。便は下においてあるバケツに落とす。尿はどこに入れるかと思うと、便器のすぐ横に置いてある大きなドラム缶に入れるのである。でもどこかで見たことがあるドラム缶だ。もしかしたら……そうだ。飛行機を降りた時に、ゴロゴロと音を鳴らしながら、転がしていたあのドラム缶だ。南極大陸に残してはいけない有害物質とは、人間の尿だったのだ！　尿は98％が水だと聞いているが、残りの２％にイオン、クレアチニン、尿酸、アンモニアやホルモンが含まれている。それが有害物質なのか。すべてドラム缶に入れてチリまで飛行機で持ち帰って、そこで処分するのだ。尿をこぼさずにドラム缶に入れることが、自分ができる南極大陸の環境保護につながると思うと、面倒くさいと思わなくなった。実際にはどうかというと、お腹にたまっていた両方が勢い余って出てしまった……あわてて瓶を取ろうとしたが、間に合わなかった。１回くらいは仕方がない。実践しながらコツを覚えていくことにした。ドンマイドンマイ。とりあえず気にしないで、あまり自分にプレッシャーをかけずに、楽しみながら過ごして行くことにした。ただでさえ、南極大陸はなにかと緊張する場所なのだから。

■ １月５日

　朝、何時に目が覚めたがわからなかったが、すでに明るかった。というよりも、明るさは１日中かわらないのだ。
　食堂へ行き、食事をしながら南極点飛行の知らせを待った。なんだ

か南極点周辺の天候が悪いらしい。まだ帰る日まで日数あったので、心配しないことにした。この日はキャンプ敷地内のツアーがある。それに参加することにした。

　朝食後にメインテントに集合。最初にパトリオットヒルズキャンプ敷地全体の説明があった。パトリオットヒルズ（現在のキャンプ地は、ユニオン・グレーシャキャンプ）は南極大陸が夏の間だけ使用される民間のベースキャンプで、アドベンチャー・ネットワーク・インターナショナルは1987年からここを使用している。ここから南極点、皇帝ペンギン生息地、ヴィンセント山登山などの各目的地へ出発する。60名ほどが宿泊できる大型野外キャンプ場だ。なぜパトリオットヒルズがキャンプ地として選ばれたかというと、滑走路として使用できる平らで長い氷が発見されたからだという。ちなみ滑走路の長さは1000メートル、幅は50メートルほどある。キャンプ地はシーズンが終わるとすべて撤去され、ごみや汚物もすべて持ち帰るので、また自然な環境に戻る。

　この一画には図書館、ベッド付きテント、医務室、無線室、機械室など生活に必要なものはすべてそろっている。メインテントには、小さなレストランが経営できるほどの大きさのキッチンがあり、数人のシェフが毎日フル回転で全員の食事を作っている。

　男性のリーダーの1人が、飲料水ができるまでの仕組みを詳しく説明してくれた。まずテントの外から運んで来た飲み水専用の雪を専用機械に入れ、それをある程度溶かして、隣にある蒸留装置に送り、その装置で水を温めて蒸留水にして、また同じ機械に戻す。循環させるわけである。それが飲み水となり、蛇口から水を出すとそのまま飲める。食器洗い用の水には別の機械がある。

お酒類には制限がある。ただでさえ雪や氷の上を歩くのは危険が伴うのに、お酒を飲んではまともに歩けない。しかし、祝い事がある日には、シャンパンが出されるとか。電力は風力発電機を使用している。太陽パネルと合わせて使用するので十分に電力が得られる。ここで時々カメラの充電をしてもらった。24時間明るいのだから、電力の消費は低く抑えられる。予備に３台のガス発生器も用意されている。またキャンプ地内には医務室がある。基本的な医療道具しかそろっていないので、大怪我だけは避けなくてはならない。雪焼けや脱水症状にも気をつけなくてはならない。特に雪盲になってしまっては大変だ。十分な水分の補給と、日焼け止めクリーム、UVサングラスが必要だ。なによりも肢体を冷やさないことが大事だ。

　次にメインテントの外のツアーがあった。案内役はフランさん。最初に、「かまくら」に案内してくれた。雪を掘って、山のように積んで天上を作り、室内を氷で固めている。それよりもこの下まで行くのが大変だ。１メートルもないが、急な坂である。歩けるような状態ではなかったので、滑ってみた。すると簡単に入口まで到達できた。

　中はきれいな部屋になっていて、氷でできたベッドがあり、毛布まで準備されていた。実際に、ここで一晩過ごす人もいるという。「今晩寝てみる？」と聞かれたが、凍死してしまうのではないかと思い、考えもしなかった。実際、中は暖かく十分に寝れるという。昼寝にはちょうどよいかもしれない。次に貯蔵庫に案内された。貯蔵庫は地下に掘った大きな氷の洞窟だ。アイスケーブと呼んでいる。真っ暗なので、ろうそくを持たなければ何も見えない。貯蔵庫は暗かったので全体の大きさまでは把握できなかった。しかしチリから運ばれたお肉、野菜、卵、サラダ、フルーツや缶詰などがすべて保存されている巨大

な貯蔵庫だ。

　驚いたのが、壁の氷がクリスタルのように光り輝いていたことだ。ろうそくの光を当てると、なんと黄金に光った。触れてみるとボロボロ崩れてきた。その感触がとても新鮮だ。まるでおとぎ話に出てくる氷のお城のようにきれいだった。ひときわ寒かったが、なかなかできない経験だった。

　外に出ると、太陽の輝きがまぶしく感じた。それほど、貯蔵庫の中は暗かったのだ。これでキャンプ敷地内のツアーは終わり。ちょうどお昼の時間だった。

　昼食をたくさん食べた後、キャンプ地の裏手の方で、たこが空に舞い上がって風になびいているのが見えた。何かおもしろそうだと思って見に行った。するとそれはたこではなく、パラシュートだった。その下には、スキーをつけて滑っている女性がいた。風をうまく利用しパラシュートの力を使って、スキーで前に進もうとしていたが、難しい様子だった。おもしろそうなオプショナルツアーがあるものだと思った。

　辺りを見回すと、近くに立っている人がいた。何だか指導している様子だった。もしかしたら何らかのトレーニング？　すると休憩時間なのか、２人が私の方へやって来た。話ができるチャンスだ。「あなた方はここで一体何をしているのですか」と男性に聞いた。「私はトレーナーです。この女性にパラシュート付きスキーで、前進、方向転換、停止などのトレーニングをしています。彼女はこれから南緯89度から南極点90度へ１週間ほどかけてスキーで行くのです。そのための訓練です」と話してくれた。これがスキーによる南極点到達である。次に女性に「調子はどうですか」と聞いてみた。すると首をかしげて

「タイミングをとるのが難しい」と、もらした。私は、今回は飛行機で南極点へ到達する。この女性はなんとスキーで、自分の力で到達するのだ。

これが本当の冒険だ。ここまでできる人がうらやましかった。「幸運を祈ります」と言って、別れた後、2人は再びトレーニングを始めた。私はメインテントへ戻った。

その後、何もすることがなかった私は急に退屈になった。暇つぶしに、スタッフにビデオインタビューすることにした。最初は、ちょうどキッチンにいたパイロットにインタビュー。その男性はカナダ人で、「イエローバナナ」と称する軽飛行機のパイロットだ。「イエローバナナ」が一体何なのか想像できなかったので、尋ねてみると窓から指を指して教えてくれた。はぁ？ 機体がすべて黄色で、見た感じバナナのように見える。遠くから見ると巨大バナナが横たわっているようだ。だから「イエローバナナ」と呼ぶのだ。また同じテントの中で、機械担当者にも会った。彼の仕事は、輸送機も含めたすべての機械を整備し修理することだ。4年続けて南極大陸にきているベテランだ。

次にメインテントの外に出て時計回りに歩いた。スタッフを見つけてはインタビューした。最初に会った人は天気予報士。ヤクという名前で、南アフリカ出身の男性だ。衛星写真を見て、南極大陸の天候を予測する。私がいつ南極点へ行けるかをいち早く知る人物だ。頭に10個ほどの角がついている毛糸の帽子をかぶっていた。私はてっきりバナナだと思った。さきほどのイエローバナナの印象が頭にこびりついていた。不思議に思い何かと聞いた。するとこれはバナナではなく、アンテナだった。客の1人が帰国後にプレゼントとしてくれたとい

う。なるほど、天気予報士にはうってつけの品だ。かなり暖かいので、本人は気に入っていると言う。

　しばらく歩くと別のテントが見えてきた。中を覗くと無線らしきものがずらり。無線室であった。担当者はジェイソンさん。外出している飛行機や軽飛行機と通信機で連絡を取っている。通信には、HF無線衛星電話、ファックス、メールを使用する。またここには、衛星テレビもあった。天気などをリアルタイムで映し出している。たまたま男性のリーダーがいて、衛星テレビを見ながら、南極点までの天候を説明してくれた。キャンプ地は晴れているが、南極点へ向かう途中の給油地シール山の天気が悪い。南極点の天気はまずまずである。その様子を映像でこと細かく説明してくれたが、なんとなく曇っている様子がわかった。

　しばらく歩くとSki-dooと呼ばれるスノーモビルが見えた。たくさん並んでいた。滞在中に乗せてもらうことを期待した。

　またしばらく歩くとスタッフらしい男性を目にしたので、担当を聞いてみた。するとパイロットだった。さっき会ったイエローバナナとは違うツインオッター（DE HAVILAND DHC-6 Twin Otter、10人乗り）と呼ばれる軽飛行機のパイロットである。真っ白の機体に青のストライプがついている。

　軽飛行機とは、スキーがついている雪上飛行機で、DHC-6としても知られている。離着陸が雪上や氷上で簡単にできるので、南極大陸の探査機や貨物機として使用されている。実は私はこのパイロットが操縦するツインオッターに乗って、南極点へ行くことになるのだ。またしばらく歩くと機械室があった。ここで機械類の整備や修理をしている。雪上車もあった。またメインテントが見えてきた。これで1周し

たようだ。

　今日は、雪の上をかなり歩いた。足が棒のようになっていた。メインテントへ行って体を温めて、夕食を食べて、早く就寝。明日かもしれないその日に備えた。

■ 1月6日

　この日もキャンプ地は晴天。でも南極点飛行の話はなかった。気象条件がまた整っていないようだ。この日の朝は、カナダ人の女性パイロットが南極点飛行の説明をしてくれた。初めて見る人だった。

　最初にパトリオットヒルズキャンプ地を地図上で確認。そこから南極点へ飛行する航路を説明してくれた。途中でその中間点となる南緯85度地点のシール山に立ち寄って給油。そこまでの飛行時間は約2時間。そこから南極点へノンストップで飛行を続ける。合計で片道約5時間半の空の旅である。そして帰りはノンストップで戻ってくる。

　南極点では約4時間滞在する。飛行にはGPSの他に地図や太陽光線を利用した羅針盤も使用する。昔から使っている磁気を使用しない道具なので、機械類が故障した際に、何かと役に立つという。その女性パイロットは羅針盤を手に取って、細かく説明してくれた。時間に合わせて太陽の位置を確認し、現在位置を確認する。羅針盤を太陽の光に当てて、影をつくる。それを見て、現在位置と今後の方向を確認するといった具合だ。

　実際に乗るツインオッター軽飛行機には、乗客6名、ガイド1名、医師1名が搭乗する。

　ちなみに南極点の時間はニュージーランドの時間に合わせているので、観測基地などはその時間帯で活動している。パトリオットヒルズ

の時間より17時間早いことになる。しかし、実際に地球の真下なので、自分としては時間は何時でもいいのだ。

　その後、何をしようかと思っていると、なんとスタッフにエクスカーション（小旅行）に行かないかと誘われた。それも待ちに待ったスノーモビルに乗って私1人だけで行く。行先は、エルスウォース山脈の麓や墜落したDC6飛行機の跡地だ。スノーモビルはかなり早いスピードで進んだ。麓までは30分くらいで到着。エルスウォース山脈が見渡す限り続いていた。1回ではとうてい見ることができないほど、巨大な山脈である。あまりにも神秘的というか聖域のようだったので、時間があればまた戻ってきたいと思った。約40分後に、1993年に墜落したDC6機の垂直尾翼を見学。垂直尾翼だけが雪の上に出ていて、私はその横に立って写真とビデオを撮った。その雪の下には機体がそのまま埋まっているという。運良くパイロットは脱出し、けが人もなかったらしい。その後にキャンプ地へ戻った。

　今日1日、精一杯遊んだので、体は疲れきっていた。そして明日は南極点に行けることを願って、床についた。すると、いきなりモーニングコールがかかった。「もう朝だよ。起きなさい、起きなさい。これから南極点へ行くよ」と声がした。まさか、冗談がきつい。今寝たばかりなのに、これから行くなんて……それも都合がいいことに、時間は急に朝に早変わり。うそでしょうと思いきや、しばらくたって返事をしないと、「行きたくなければ今回は行かなくてもいいよ」と声がした。私は飛び起きた。「行く、行く」と言って、準備をした。天気が急によくなったので、今すぐに出発する判断が下されたのだ。

　急いで南極点の装備を準備して、出発に備えた。でも1つ問題があった。南極点は自分の好きな時間になるのだが、アメリカ南極点観測

基地はニュージーランド時間に合わせているので、ちょうど到着時に閉まってしまうということだった。せっかくだから訪問したいと思い、リーダーに相談した。するとわざわざアメリカ南極点観測基地まで電話してくれて、これから南極点へ向かうから、訪問を許可してくれないかと頼んでくれた。すると返事は、「OK」。私達が到着するまで待ってくれるという。これでアメリカ南極点観測基地も訪問できるようになる。でも睡魔が襲ってきた。飛行機に乗ってからゆっくりと寝ることにした。

南極点到達

■ 1月7日

　準備をしている内に、キャンプ地の日付は変わり1月7日に。あわてて準備をして、メインテントに集合。
　南極点へ出発する乗客は6人いた。そしてツインオッターの軽飛行機へ移動。荷物を飛行機の後方座席に置いて、窓側の席を確保。荷物置き場にはテントや食料がたくさん積んであった。万が一、悪天候のために南極点や途中で一晩過ごすことを考えてのことだ。
　やがて飛行機は南極点に向けて離陸。飛行機が飛び立つや否や、一眠り。ときどき起きては、窓から外を見た。青空と真っ白い雪で光り輝いていた。そのコントラストがとても美しかった。
　約2時間後、中間地点のシール山に到着。そのまま雪の上に降り立った。降りる際に、スタッフにビデオカメラを渡して、私が降りるシーンを撮影してもらった。「やっとシール山に到着しました。南極点の中間点です。ここまでの道のりは長かったです」とコメント。温度

は摂氏マイナス15度であった。この給油地に常駐スタッフがいたのでインタビューしてみると、なんとここには自分1人しかいないという。自分の寝床はこの小さなテントの中である。その黄色のテントだけは目立った。「寂しくないですか」と聞くと、「常に無線で連絡しているから大丈夫だ」と一言。それよりもここに自分がいて燃料の管理をすることは重要な任務だと、仕事の意気込みを話してくれた。この人がいて燃料の管理をしなければ、私達は南極点へ行けないのだ。途中で、燃料切れになってどこかに不時着してしまっては、遭難する恐れがある。周辺を歩いて写真とビデオを撮った。

　出発の合図で軽飛行機に再搭乗。再び青空に向かって旅だった。私はすぐにまた寝込んでしまった。体内時計は夜なのだから、今の間に睡眠をとっておかなくては。

　南緯89度にさしかかったころ、パイロットが「下をご覧ください。スキーで南極点を目指している人達ががんばっていますよ。ところどころにテントも見えます」と案内してくれた。下を見るとテントがところどころに見えた。先日会った、パラシュートでトレーニングしていた女性のことを思い出した。聞こえるはずもない機内から、私は大きな声援を送った。

　その後、簡単な軽食が出され腹ごしらえ。ツインオッターの機内でもビデオ撮影をした。まだ疲れが残っていたので、その後、しばらく寝た。それから数時間後、「もうすぐ南極点に到着します。降りる準備をしてください」と案内があった。ぐっすりと眠れたので、疲れはとれていた。降りる準備をして、着陸に備えた。

　無事に雪の上に軟着陸。雲1つない真っ青な青空が私達を迎えてくれた。すばらしい天気に恵まれた。

ビデオカメラをスタッフに渡して、自分が降りるシーンを撮影してもらうことにした。降りる瞬間、別のビデオカメラが私を捕えた。私がもっているような小型のビデオカメラではなく、テレビ撮影用の大きなビデオカメラだった。それをカメラマンが肩にかついで私を撮影していた。NHK？　実はNHKのスタッフが南極点に来ていると聞いていたので、もしかしたらと思った。カメラに撮られていることに気づき、私は必死に喜びを伝えた。そして、自分のビデオカメラとカメラマンがかついでいる大きなビデオカメラに向かって、「南極点に到達しました。私は後藤昌代です。東京から来ました。わーい！」と南極点到達を喜んだ。

　撮影が終わった後に、NHKですかと尋ねると、そうです……ハイビジョンカメラで私達を撮影したと。えー、ハイビジョンカメラですって。なんと絶妙なタイミング。「チャンス」が「チャンス」を生んだ瞬間であった。もし、テレビにでも紹介されれば最高だ。「日本人の私が乗っていたことを知っていましたか」と聞くと、「全くの偶然ですよ」とお互いに驚きを隠せなかった。その後すぐに、私は南極点の表札まで一直線に走った。あれ、真っ白。何も書いてない？　雪で真っ白くなってしまった？　そんなはずはない。それともここは別の場所？　でもそこで写真を撮った。すると「そこは反対側だよ」と、近くにいたおじさんが教えてくれた。慌てていたので、表札の後ろ側を見ていたのだ。はやとちりをした自分が恥ずかしくなり、表札の正面をみた。すると、「Geographic South Pole」と書いてあった。「南極点」という英語の文字だ。

　表札をよく見ると、南極点に最初に到達した２人の人物の名前と名言が書いてあった。「ROALD AMUNDSEN, DECEMBER 14, 1911,

So, we arrived and were able to plant our flag at the geographical South Pole, ROBERT F. SCOTT, JANUARY 17, 1912, The pole Yes, but under very different circumstances from those expected.」地理学的南極点を示した表札であるが、1911年に南極点に到達したノルウェーのロアルド・アムンゼンと1912年に到達した英国のロバート・スコットの記念碑でもある。その横にはポールが突き刺さっていた。ポールが立っている場所が南極点そのものだ。ポールの頭の部分には南極点の絵が描かれていた。

　ここで少し、南極点の歴史について触れておこう。ロアール・アムンゼンは、ノルウェーの探検家。1909年のピアリー北極点到達を知り目標を南極点に変更。1911年12月14日、ついに人類初の南極点到達を果たした。

　その後、航空艇による北極点横断を行い、人類初の両点到達を果たした探検家となった。1928年北極圏で遭難したイタリア探検隊の捜索に出向き、行方不明となる。

　ロバート・ファルコン・スコットは、英国海軍士官。1901年から1904年にかけての第1回南極探検で南極点まで733キロの位置に迫り、地質学・動物学に関しての学術調査に成果を挙げた。南極点到達を目指した第2回探検では、1912年1月17日（18日という説もある）極点到達を果たしたが、アムンゼンの極点到達から1カ月後であることを知り、失意に覆われた。帰途、遭難し死亡。

　南極点に立つと、ものすごいエネルギーを感じた。引力でひきつけられるというか、足が地に磁石で吸いつけられたような重みを感じた。地球を制覇したように感じて、気分爽快になった。

　青空も今までに見たことがないほど青く、空気はおいしくて新鮮

で、太陽は限りなく近く感じ光り輝いていた。手を伸ばせば届くようだった。またその場所は「点」なので空間と時間の概念が存在しない世界だ。またすべての方角が「北向き」なので、「３方向」しか存在しない世界でもある。同じ地球上でありながら、空間や時間に左右されない不思議な世界だと実感した。

2003年１月７日、私は無事に南極点に到達。晴れて私は、南極点到達世界で461番目となった。

ちょうどおじさんがいたので、写真とビデオの撮影をお願いした。

「ここは南極点です。やっと到着しました。わーい」と言ってビデオカメラに南極点到達の喜びを収めた。するとこのおじさんは写真やビデオの撮影をしてくれただけでなく、なんと南極点の説明までしてくれた。

「ここが現在の南極点です。南極大陸を覆っている氷が１年間に10メートルほど移動するので、南極点の位置を正確に測ってこのポールを立てているんです。地球はここを中心に自転しています。ポールは毎年移動しているので、後ろを見れば過去の南極点のポールが見えます。現在の南極点はこのポールの位置です」

つまり南極大陸を覆っている雪が自らの重さでずれ落ちてしまい、南極点の位置がずれるということだ。それでは想像してみよう。逆さにしたサラダボールの上に餅をかぶせてみよう。そしてその上に、つまようじを立てる。お餅はそのまま同じ場所にとどまらずに、自らの重みでずれ落ちるであろう。そうするとつまようじの位置も自然にずれてしまう。これで納得だ。正確に測定されたこのポールがまさしく南極点なのだ。おじさんは続けて説明してくれた。

「正面にあるドーム型の建物がアムンゼン・スコット南極点米国観

南極点にある日の丸

測基地、その横にある茶色の平らな建物は2005年から使用する新しい基地です」

　私は、その後に、このポールの周りである儀式をした。あの北極点でもやった、たった3秒で世界1周をすることだ。ポールの周りを1周歩くだけで、簡単にできてしまう。

　その後、このおじさんは、私が日本人であることを知り、なんと近くに日本の国旗があることを教えてくれた。そしてその場所まで案内してくれた。徒歩で10分ほどの距離である。

　この場所は、セレモニアルポールと呼ばれ、南極大陸条約の記念に立てられた場所だ。南極大陸条約とは南極地域の平和的利用を定めた条約で、軍事的利用の禁止、科学的調査の自由と国際協力、領土主権の禁止、核爆発、放射性廃棄物の処分の禁止などが盛り込まれてい

る。1959年12月1日にアメリカ、日本、イギリス、フランス、ソビエト連邦など12か国が採択。現在の加盟国は45カ国。このポールを囲むように、最初の署名国の国旗が12旗飾られている。だからここに日本の国旗が飾られているのだ。

　南極点で日の丸を目にしたとき、私はとても感動した。日本の国旗は南極点の平和に満ちた風に誇らしげになびいていた。平和憲法を重んじている日本がいち早く南極条約に加盟したことはすばらしいことであり、日本人として誇りに思えた。日本の平和に対する思いがここ地球の真下にもちゃんと届いていたのだ。そしてここでもおじさんにお願いして、ビデオや写真をたくさん撮ってもらった。

　その後、おじさんは私を米国アムンゼン・スコット南極大陸観測基地に案内してくれた。とにかくこのおじさんは色々なことを知っている。というよりも知り尽くしていた。いったい誰なのだろうと不思議に思い始めた。

　長いトンネルを通ってやっと中に入った。トンネルが長いのは、冬に寒い外気が施設内に入らないように、遮断するためだという。ここは、私達が到着するまで、閉めずに待っていてくれたところだ。

　基地の中では、約2時間見学をさせてくれた。最初にラウンジルームのような部屋に案内された。そこには他の一緒に来た乗客達もいた。南極点基地の責任者が挨拶した。

　「地球の真下にある南緯90度の南極点にようこそ。皆さまは何年も計画をたてて、ここまで来られたと思います。皆さまは今、南極点にいます。安全に到達できましたことを祝福いたします。私はジェリー・マーリーと申します。南極点観測基地の国家科学財団長です。私の横にいるのは、ブラダミア・パップスベリ博士で研究責任者です。

私共2人はワシントンDCから派遣された国家科学財団の一員です。博士は科学全般の責任を担っており、私は運営面の責任を担っています」

　私がこきつかってきたこのおじさん、なんと、科学博士だったのだ。まして基地で2番目に偉い人だ。あらーひどいことをしてしまった。きらわれてしまったのではないかと……余談だが、後から人に言われたことだが、アメリカ人だからこそ、博士の身分であっても、私達が一生の思い出を味わえるように自ら手助けしてくれたという。私が南極大陸に関して聞いた情報は、なんと科学者のトップからであった。本当にありがたいことだ。

　その後、マーリー責任者にインタビュー。「この施設の主な目的は、科学的調査を行うことです」と答えてくれた。そしてブラダミア・パップスベリ博士にインタビュー。「ここでは雪氷学、地震学、構造地質学を研究しています。高度が高く、大気が乾燥していて、気温が低いので、物理的研究に最適な環境を提供してくれます」と答えてくれた。また温暖化現象、オーロラ、大気、氷の性質とか移動も研究しているという。

　また、スタッフが基地内のスタッフルームや研究施設を案内してくれた。この施設は150名の宿泊施設があり、現在では160名が夏の期間働いている。ここでは水耕栽培による野菜やハーブなどの自給自足も行われている。実験施設なので、汚染されないように細心の注意が払われている。

　何人かここで越冬するという。でも1日中暗い冬は外に出られないので、基地内で過ごす。基地は3月以降から11月の始めまで孤立状態となる。越冬隊のために、空軍機C－141が南極点まで飛行して、空

から物資を地上にパラシュートで落下させる。また、50年前にあった南極観測基地は既に地下8メートルに埋まっているという。地下に埋まるとは、雪が移動すると共に建物も移動して、最後には押しつぶされてしまうということだ。現在の観測基地も数年先には地下に埋まってしまうので、2005年から新たに使用する基地を建設している。今度は地下に埋まることのない建築仕様だという。

　施設内の案内の途中で、同行していた女性が気を失って倒れた。苦しそうにもがいていた。酸素不足で苦しかったようだ。いわゆる高山病だ。南極点は標高3000メートル以上ある。しかし、実際の気圧は8000メートル級の山に匹敵するという。だから高山病にかかる人もいる。私は大丈夫。長年3000メートル以上の標高で鍛えた体だ。途中で、トイレに行きたくなり、案内してもらった。女性のトイレは遠い場所にあるので、しばらく基地の中を通って歩かなくてはならなかった。それが幸いだったのか、世界最南端の「南緯90度バー」を通ることになり、そこで記念撮影。トイレを済ませた後、お土産屋へ行った。お土産屋はカウンターだけだと思ったが、なんと中は広かった。中に入ると、先ほど会ったNHKのスタッフが買い物をしていた。少しお話をさせてもらった。ちょうど、その年NHKは「南極大陸特集」を放送していた。その取材のために、南極点に来ていた。今までの苦労話などを話してくれた。余談だが、その年の夏、私がたまたまトルクメニスタンやウズベキスタンなど中央アジアを旅行しているときに、私の映像がNHK「ものしり一夜づけ」で放送された。南極特集番組の中の「南極絶叫体験上級編」として、南極点フライトツアーが紹介された場面だ。ちょうど私が乗っていた軽飛行機が南極点へ到着する映像が流れ、機内から出てきた人がなんと自分であった。「南極

点に到着いたしました、東京からはるばるここまでやってきました。後藤昌代です」と喜びを必至に伝えている映像だった。すると、お笑いコンビが、「これ日本人の方や。飛行機でいけんや。すごいな。機内食はあざらし？　究極の旅だぜ。これは……」とおもしろおかしく話していた。

　お土産屋ではたくさん商品を見て、７万円ほど買い込んだ。しかし支払いはいったい何で？　現金のみだと聞いていたが、それほど持ちあわせていなかった。念のためにクレジットカードを持っていた。レジで、「クレジットカードは使えますか」と聞くと、「もちろん」と言われた。これで全部買えた。まさか南極点にお土産屋があり、そこでクレジットカードが使えるとは想像していなかった。さすが合理主義のアメリカだ。

　お土産屋のおばさんは、ここに郵便局があることも教えてくれた。しかしあと５分で閉まるという。そして早く絵ハガキを買って書くようにと私をせかした。郵便局があるなら、なぜもっと早く言ってくれなかったの。閉まる５分前に言われても、一体何人に、誰に手紙を書いたらいいのかすぐにわからない。まあせいぜい１人だろう。私は考えた。南極点から送る絵ハガキを受け取って１番喜んでくれるのはいったい誰？　考えれば考えるほど、混乱してしまった。「あと３分」と言われた瞬間、私は１番喜ぶ人はこの人だろうと思い、その人に書いた。「7 Jan 2003, Dear Masayo Goto, Masayo Goto has reached the South Pole. My dream has come true. This is the happiest moment of my life. I made it. From Masayo　南極点到達しました。おめでとう。後藤昌代より」と英語と日本語で書いた。つまり、将来の自分に書いたのだ。自分が日本に帰って過去の自分が書いたこの絵ハガキ

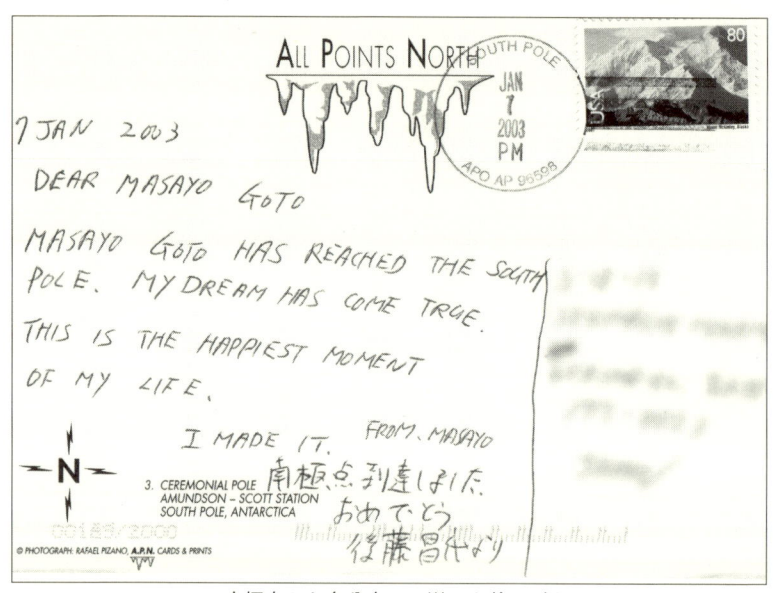

南極点から自分宛てに送った絵ハガキ

を受け取れば、さぞかし喜ぶだろうと思った。これですべての活動が終わり、キャンプ地へと戻ることになった。

　それから6時間かけて無事に帰還。戻ると、メインテントに案内された。そこにはカラフルな青白赤ピンク黄色の風船に囲まれた黒板があった。そこに「Congratulations Masayo 90°S」と書かれていた。私の南極大陸到達を記念に書いてくれたのだ。その前で記念写真を撮った。大満足の私は、その後、ぐっすりと寝た。

■ 1月8日

　朝、起きた私は、気分爽快だった。昨日の疲れは残っていなかった。退屈しのぎに、メインテントへ行った。退屈している私を見たフランさんは、「今日は何をしましょうか」と声をかけてくれた。予定

だとプンタアレーナスへ戻る飛行機は数日後の11日に到着するという。何も考えつかなかった。フランさんの方から「カントリースキーをやってみましょう」と誘ってくれた。忙しいのに、私1人のために、スキーの用意をしてくれ、カントリースキーまで教えてくれた。ビデオや写真の撮影もしてくれた。2時間くらいスキーを楽しんだ。まさか南極でスキーができるとは思ってもみなかったので、うれしかった。

　メインテントに戻って食事を済ませた後、ちょうどその場所に居合わせた男性が声をかけてきた。この男性はこのキャンプ地にいる人ではないという。南極大陸の研究をしている人で、近くのテントに生活しているという。この人はこのキャンプ地に遊びに来ているのだから、反対に私が遊びに行けるのではと、ふと思った。遊びに行ってもいいかと尋ねると、心地よく受け入れてくれた。既にここからそのテントまで雪道ができていたので、その上を30分ほど歩いて行った。

　実は、この方は自然科学財団に所属している研究員だった。金属板を手に持ちながら、氷の動きの観測方法を、こう説明してくれた。「この金属板の穴の開いている箇所にボルトを付けて岩に固定します。その上にGPS付きの四重になっているお鍋のようなアンテナと受信機を装着し、氷の上に固定させます。数日間放置して、記録を取り、大学に持ち帰り、南極大陸の氷の動きや地殻変動を調査します。現在では、1シーズンの研究で氷が4メートルほど移動することがわかっています。この調査は数年かけて行い、実際の移動距離を測定し、それをモデル化させていきます」

　続いて南極大陸の氷が解け、海面が上昇するとどうなるか説明してくれた。「南極大陸の巨大な氷が海にくずれ落ち氷塊となった時、急

激な海面の上昇が起こります。それはコップの中に大きな氷の塊を入れると、水かさが増すのと同じ原理です」と。南極大陸の氷が解けて海面が上昇するというゆっくりとしたプロセスよりも、氷が海面に落ちた重みで海面が急上昇することの方が、すぐに海面が上昇し、実際には大きな問題になるという。さすが科学者の説明だ。納得がいく。この訪問は、非常に勉強になった。

その後、同じ道を歩いてメインテントに戻り、夕食を食べた。その夜、頭が非常にかゆくなった。もう1週間ほど髪の毛を洗ってない。長い髪を束ねて、毛糸の帽子のなかに入れて汚れないようにしていたが、もう限界だった。そういえばシャンプーを1回分だけこっそりと持ってきている。

キッチンに頼んで、ポットにお湯を入れてもらい、バケツに水をたくさんくんで洗面室へ向かった。そしてそこで髪の毛を洗ってしまった。

ごしごし頭を洗った後に、シャンプーの泡をきちんとすくって正規の場所に捨てる予定だったが、なんと勢いよく流れてしまい、外にもれてしまった。大変だ。氷の上にかかってしまっては。すぐにすくおうとしたが、なんとそのまま凍ってしまった。表面で固まってしまったので、そこだけをすくって正規の場所に捨てた。環境に影響はないと自己判定。しかしその後が大変だった。濡れた髪の毛が外気に触れると凍りだした。ヘアドライヤーなどない。極端に寒く感じたので、体温が急に下がることを心配。髪が濡れていたから、温かいメインテントには行けない。自分のテントに走って戻って髪が乾くのを待ったが、なかなか乾かない。

結局、翌日も濡れたままだった。仕方がないので、そのまま束ね

て、毛糸の帽子の中に突っ込んだ。却って頭の中がむずむずしてしまった。大失敗。後は、自然に乾くのを待つしかなかった。

■ 1月9日

　この日は私の誕生日。カナダ人の男性スタッフともう1人のスタッフが私1人をエルスワース山脈へスノーモビルで連れて行ってくれるという。それもスノーモビルの後ろにそりをつけて、そりに乗せてくれるとか。アラスカで犬ぞりに乗った経験はあるが、スノーモビルのそりは初めてだ。そして南極大陸で初めて登山をした。本格的な登山ではないので、体力があれば誰でも登れる。あまり雪がなかったので、登山はそれほど難しくなかった。しかし山頂は雪に覆われていたので、そこまで登るには雪山専用のブーツとスティックが必要だ。この山の岩をところどころ触れて、雪のない南極大陸を想像してみた。

　またこの山から見下ろす南極大陸は美しかった。一面の氷が、まるで海が広がっているかのように見えた。はるか遠くにキャンプ地が小さく見えた。こんなに遠くまで来てしまったのか。その後、別の場所に移動し、しばらくエルスワース山脈の周りを探索した。山頂の上から雪の煙が出ているのが見えた。気温が低くて風が吹いていたので、砂漠の砂のように雪が舞い上がっていた。あまりに美しかったので、私が大好きな「ショパンピアノ協奏曲No.1」の曲を聴きながらこの時のために（iPodにその曲を入れて持っていた）、その風景を眺めた。そして、今でもこの曲を弾く時には、この神秘的な美しい風景を思い出しながら弾いている。そうするとピアノは一段ときれいな音色になる。その後、氷の上を歩いてみることに。それがなんと滑ること。またでこぼこなので、うまく歩けない。滑らないようにゆっくりと歩い

た。でも強い風に押されて、バランスが崩れて転倒。手袋もふっとばされそうになった。ところどころに石があったので、そこに足を置いて、うまく滑らないように歩いた。氷の中を覗くと、あちこちに珊瑚のようなものが見えた。氷に閉ざされた氷の珊瑚。それはこの世のものとは思えないほど、美しかった。珊瑚の上を歩いているようで、まるで天界にいるようだった。何度も立ち止まってその形を見て、写真をたくさん撮った。なぜこのような形が氷の中に埋まってできるのかスタッフに聞いた。はっきりとその形成過程はわからないという。自然が作り上げた芸術品だ。また近くに体が入るくらい大きな穴が見つかった。そこに入って、はいポーズ。そこの低い位置から眺める氷の景色は一段と素晴らしく、氷が太陽の光で光り輝く美しい写真を撮影した。

その後、ちょうど山脈の麓にスケートリンクのようにまったく平らな氷の一面が見えた。こんなに完璧な氷の表面が存在していることを知っていたなら、スケート靴をもってきていたのにと残念に思った。この南極にスケート靴があるはずはない。きっぱりとあきらめた。

その後キャンプ地に戻った。すると先ほど案内をしてくれたスタッフがスケート靴を見つけてくれた。パイロットの1人が持ってきたと言う。サイズはどうかと履いてみると、なんとぴったり。「スケートリンクへ戻ろう」と言ってくれ、そこに戻った。そして氷上でスケートを。といっても、病院などないのだから怪我しては大変。彼も私が転んで怪我することを非常に心配していた。

実際、スタッフの1人がスケートをしている時に転んで、膝を氷にぶつけ大怪我をしたという。最初はスケート靴を履かずに、氷の上にお尻を置いて回転して滑った。なんとなく氷に慣れたあと、スケート

靴に履き替えた。しかしそれまでに履いていた保温用の靴を脱いだとたん、足が凍るように冷たく感じた。凍傷になってしまう。手伝ってもらいながらいないで急いでスケート靴を履いた。どうにか無事に履けた。ジャンプやスピンをしないで、簡単に滑った。そして写真とビデオで撮影してもらった。数十分ほど、滑ったが、それだけで満足だった。南極で自然にできたアイススケートリンクで本当にスケートができるとは、人生最高の幸せだった。また南極に来る機会があれば、自分のスケート靴を持ってきたいと思った。

　スケートを楽しんだ後、メインキャンプへ戻った。するとスタッフが私のために誕生日ケーキを作ってくれていた。おいしいチョコレートケーキだ。皆が誕生日の歌を歌ってくれ、それに合わせてケーキに刺してあるろうそくの火を消した。南極で誕生日を迎えるとは、これもラッキーなことだった。

■ 1月10日

　今日が南極大陸滞在の最後になるのか。でも何もしないでボーッと過ごすのももったいない。別のカナダ人の男性スタッフが、周辺を案内してくれると申し出てくれた。少し遠い別の山に行くと言う。少し山を登った後、お尻を使って滑り降りる方法を教えてくれた。彼は慣れているので簡単だったが、私は重心とバランスがとれずに、途中で何回も横転してしまった。何回かやってみてやっとコツがつかめるようになった。「キャー」と声を出しながら、長い距離を滑り降りることができた。こんな遊びも生まれて初めてのことだ。周りの美しい景色もたくさん見れた。遠くには平らな氷の海が見えた。ここが飛行機が離着陸する氷の滑走路だ。明日はもう出発か。「悪天候になって、

飛行機がこなければよいな」とふと思ったが、もうそろそろ現実の世界に戻らなくてはならない。仕事も待っている。滞在中、天候がよかったのですべてが順調に進んだ。これで予定通りに日本に帰れる。キャンプ地へ戻った後、荷物の整理をして帰りの準備をした。

■ 1月11日

　出発の日がきた。飛行機の姿が上空に見えた。すると今までの南極大陸の楽しい思い出が、走馬灯のように次々と浮かび上がった。南極点に到達しただけでなく、登山、スキー、スケートもできた。貴重なビデオや写真もたくさん撮影し、お土産もたくさん買えた。100点満点以上の大冒険だ。

　飛行機はみごと氷上に着陸。そして新しい乗客が夢と希望を抱いて降りてきた。私は、感謝しきれないほど多くの方にお礼を言って、キャンプ地を後にした。そして飛行機の方へ歩いていった。するとゴロゴロという音と共に、ドラム缶が転がるのが見えた。そうだ、私達のアレである。プンタアレーナスまで持ち帰って、そこで廃棄するのだ。イリューシンの前で、最後に記念撮影。「南極よ、さようなら、南極よ、ありがとう」と心の中で叫んで、機内へと向かった。ショパンの「別れの曲」が頭に鳴り響いた。

　そして予定通りに無事に日本にもどり、職場に戻れた。職場の人達は、私が南極点へ立ったことを知って驚いた。その驚きで、私はもっと驚いてしまった。現実の世界に戻った自分を見ると、南極点へ立った自分が、なぜだか自分でないように思えた。そして1週間後に南極点到達証明書が届いた。人類で461番目に到達した人として正式に記録に残った。史上、南極点到達500人以内に入ったのだ。そしてここ

で自分の人生の1ページがめくられた。そして新たな冒険が始まる。

　最後に、この体験は、1つの「チャンス」がまた別の「チャンス」を次から次へと生み出した「短期のチャンス」であった。幸運は幸運を呼ぶという。この期間、「チャンスの扉」は開いた状態となり、何かと運が良くなる。だから私も多くのことを、いや予想以上のことを、成し遂げることができた。もしあなたが、自分が今その時期にいると感じたら、思い切って何でもしてみたらよい。きっと思った以上に多くのことが達成できるだろう。そのタイミングをつかむこと、それが上手な生き方だ。

スキー

登山

スケート

「あなたの強い意志が、あなたの運命を変える！」を吟味する

　ここでは、私の他のさまざまな体験談と共に、「あなたの強い意志が、あなたの運命を変える！」と「チャンス」についてさらに吟味していく。

1．「あなたの人生を変えていくチャンス（機会）」をつかんでいく
　「チャンス」を見つけ、つかむことができる己へと昇華する

　人にはそれぞれ人生において目標がある。それを達成するには、「チャンス（機会）」が必要である。「チャンス」は、自分の人生の路線上に現れる。それが見えるかどうかは、自分がその「チャンス」が見える位置にいるかどうかで決まる。それは自分が身体的、精神的、社会的、金銭的にどれだけ準備できているかだ。自分が「チャンス」が見える位置にいないと、「チャンス」は自分が気付かないまま通り過ぎてしまい、結局、自分は「なんと運が悪い人間なのだろう」と思い悩み、人生がなかなか好転しなくなる。

　それではどのようにしたら、自分の人生を良い方向に転換できるのであろうか。その根源となるものは、自分の強い意志である。それもあらゆる困難に打ち勝って、成功するという強い意力である。なぜそう感じるかというと、自分の運命は、自分で決めることができると信じているからだ。

　自分の目標を達成するために、自分の強い意志で「チャンス」をつかみ、それを最大限に活かしていくのである。ある人は「チャンス」のことを「聖なるタイミング」とも呼ぶ。自分の人生を大きく変える

かもしれないこの重大なタイミングを聖なるものとして受け止めている。非常に的確な表現であり、すばらしい呼び名である。

「チャンス」が見えるようになるには、自分の感性を磨くことである。それは「チャンス」が見えるように自分を向上させ、磨き上げることである。そして、目標を達成するまで「チャンス」を離すことなく、活かし続けていく。私が自分なりにどのように自分の感性を磨いてきたかは、冒険記の通りである。

次に正しい選択をし、優先順位をつけ、場合によっては捨てる物は切り捨て、「チャンス」を成功に結びつけていくことだ。大きな勇気と決断が必要である。1つの大きな目標を達成したら、別の新たな大きな目標が出てくるはずだ。だからそれに向かって進んでいく。逆戻りして、捨てたものを拾う余裕などない。却って、次の大きな目標の妨げになる。捨てがたい場合は、一旦、外に置くような形にして、何かのついでに拾って自分の物にしていけばよい。

また「チャンス」は、自分が気付かない間に始まっていることもあろう。もしかしたらそれに気が付くのは、目標を達成した瞬間かもしれない。だから常に目標に向かって進んでおくことである。

「チャンス」はただ待つだけのものであろうか。いや、磁石のように自分に吸い寄せ、招くことができるのだ。実際にはあなたの強い意志や、たゆまぬ努力が磁石となり、引力となり、「チャンス」を引き寄せるとも言えよう。だから「チャンス」はやってくるだけではなく、あなた自らが自分のところに舞い降りてくるように操作できる。「チャンス」との波調が合ったときに、絶好な「チャンス」が訪れる。降ってくる力と引き寄せる力が十字に組まれた瞬間である。

1度つかんだ「チャンス」はどのようにしたらよいのか。自分の目

標を達成するまでつかんだままにしておくことだ。あなたの強い意志とたゆまぬ努力がそれを可能にしてくれる。その詳細は、2.「チャンスをつかむ上で、あなたが知っておくべきこと」を熟読してもらいたい。「チャンス」を達成したら、それは自ら蒸発して消えてしまうであろう。つまりその時点で、あなたの一部になるのだ。それはあなたの実力となり、技能となり、自信となってあなたの魂に刻まれていく。反対につかんでいたはずの「チャンス」が飛び去ってしまったり、消えてしまうこともある。いろいろな状況が考えられるが、大けがをする、難病にかかる、罪を犯すなど身体的、社会的な問題を抱えた時には、「チャンス」に急に羽が生えて飛び去るか、消え去ってしまう。そうなれば、「チャンス」が再び訪れるかわからない。しかしそのような状況下であっても、決してあきらめないことが重要である。あなたの新たな状況に合った別の「チャンス」が訪れるかもしれないからだ。

　それでは、自分の能力を超えたレベルの「チャンス」はつかめるのだろうか。それは難しいかもしれない。まず「チャンス」としてやってこないだろう。やってきたと思われても、それは本当の「チャンス」というよりも、その前に訪れる「前触れのチャンス」である。「本当のチャンス」がやって来る前に、何らかの機会は訪れると思う。しかし私の考える本当の「チャンス」とは、訪れるだけでなく、あなたの能力や努力がそれを引き寄せるので、あなたにはそれが「チャンス」として見え、獲得できるのである。自分の枠（能力）を超えた「チャンス」は、無理だと思ってもやってみることは良いと思うが、それにより大けがをしたり、自信喪失になってはマイナス効果になってしまう。あなたにとって最高のタイミングを読み取ることが大切

だ。それでは、運悪く体が不自由になってしまったり、犯罪者になってしまった場合は、どうしたらよいだろうか。それでもその枠内（環境）に限られた「チャンス」は訪れてくる。たとえ限られていても自分に訪れる「チャンス」をつかんで、新たな目標を達成していくことである。もしかしたら、そのような努力が飛躍的な人生につながるかもしれない。落胆した人生の中にあっても、「チャンス」を追い求め、自身の向上に努める価値は十分にある。

　それでは天才と呼ばれる人は「チャンス」をどのように捉えているのだろうか。私は天才の部類ではないので明確には説明できないが、「運も才能の内」とよく耳にする。全くその通りだ。天才と呼ばれる人は「チャンス」が明確に見え、しっかりとつかむことができ、自分が成功するために十分に活かしきれる。失敗しても試練を乗り越え、それを次の「チャンス」につなげることができる。つまり「チャンス」の天才だ。

　「チャンス」はまた、多くの人が同時に求めることもある。それも１つの同じ「チャンス」を。スポーツや音楽などの競技である。誰もが金メダルや優勝を狙っている。どうすれば獲得できるのであろうか。もちろん才能も必要だが日頃のたゆまぬ努力、指導してくださる人との出会い、周辺のサポートなど多くが必要である。これらに関わる一連の小さな「チャンス」を１つ１つ自分でつかみ、達成していくことができれば、優勝という大きな「チャンス」が得られるかもしれない。もしかしたら競争相手が失敗することがあるかもしれない。余談になるが、失敗する者は、「チャンス」を活かすことができなかった本当の敗者である。自分の弱点を知り、さらに磨きをかけて努力すれば、再び「チャンス」が巡ってこよう。しかし、反対に自分が努力

しないで、相手の失敗を願っても、その恩恵を受けるのは自分ではなく、そこまで努力した別の人になるだろう。怠慢は禁物である。

　また前触れもなく突然訪れる非常に幸運な「チャンス」がある。たとえば高額の遺産が思わず手に入ったとか、宝くじに当たって大金を手にするなどだ。それは事前に与えられた「チャンス」と言うべきだろうか。その与えられた「チャンス」を活かしていけば、そこから大きな人生の転換期につながる。もし活かさなければ、または活かす術を知らなければ、人生が堕落してしまうかもしれない。つまりせっかく与えられた「チャンス」によって、自分の人生を狂わせてしまうのだ。

　私は実際に経験したことがないのではっきりわからないが、「棚からぼたもち」のように、与えられた「チャンス」というものがあるなら、それは本当に幸運なことであるが、同時に一歩間違えれば、大損や自己破滅になるかもしれない。

　ここでもう１つ別の「チャンス」を追加しておきたい。「あなたを呼びかけるチャンス」というものだ。いわゆる「チャンスの呼びかけ」である。

　「チャンス」は、あなたが気付かないと素通りしてしまうような冷たい存在なのかもしれないが、それとは逆にあなたが気付かない場合、あなたに呼びかけて、気付かせてくれるという慈悲深い「チャンス」もあるようだ。それは、あなたにとって、人生の転換期とも言えるような重要な出来事であり、すべてが事前に仕組まれているかの如く絶妙なタイミングで呼びかけてくれる。そしてあなたがその恩恵を受けるのが当然のごとく与えられるものである。それがどのようなタイミングでどのような形で訪れるかはわからない。またその時は「チ

ャンス」だと気付かないかもしれないが、しばらく経つと、それが「チャンス」だと気付き、それを活かして成功する術が得られ、選択もできる。

　私も「チャンスの呼びかけ」と思われることに遭遇したことがあるが、やはり私の人生にとって転換期と言えるほど大きな意義をもつ出来事のようだ。しかし、まだそれがどういうものなのか、途中半ばの経験なのではっきりしない。解明でき次第、第2弾の本で紹介したい。

■ 集団レベル（団体、企業、地域、国、世界）における「チャンス」とは

　「集団の強い意志が、集団の運命を変える！」とでも言えるだろうか。集団レベルでの「チャンス」は、それが企業、組織団体、もしくは地域社会や国家レベルや世界レベルであっても、同じ原理が働くと思う。

　それでは、どうすれば集団の目標を達成できるのか。個が集まれば集団であり、集団は個の集まりである。つまり個人レベルであっても集団レベルであっても、同じ原理を適用すればよい。ただし集団レベルの場合は、そこに集まった人全員が一致団結して、正しい選択をし、優先順位をつけ、必要であれば切り捨てもして、目標に向かって行かなくてはならない。そしてお互いに努力をしながら「チャンス」が見える位置へ昇華し、「チャンス」が現れれば、皆でそれを一斉につかんで目標を達成していく。

　しかし反対に個々が自己主張ばかりしていて、互いに歩み寄り譲歩しなければ、支離滅裂となり、「チャンス」がつかめない。それどこ

ろか「チャンス」自体が訪れないかもしれない。自己破滅にもつながりうる。もちろん協議や議論をすることは必要だが、お互いに批判したり、苦情や文句を言ったり、陰口を言うようでは、なかなか前進できない。「チャンス」は批判、文句、陰口を1番きらう。「チャンス」を追い払っているようなものである。そのためにも、皆を同じ目標へ進ませる強いリーダー的存在が必要である。その場合、リーダーが間違った判断をして方向がずれてしまったとしても、一致団結していれば、間違いに気付いた段階で集団で軌道修正して態勢を立て直して、正しい方向へ進み直すことができる。そうすれば集団で「チャンス」をつかみ目標を達成することができよう。つまり集団全体として昇華することが重要なのだ。そしてなによりも大切なのは、集団レベルにおける強い意志である。

■「チャンス」には有効期限があるのか

　「チャンス」には有効期限があるようだ。つまり、年齢や健康状態、生活環境の違いなどの内的、外的要因によって有効期限が決まってしまうということだ。しかしそれがいつかは、わからない。また有効期限が過ぎていたと思っていても、復活することもある。もしかしたら、有効期限は自分で設定してしまうのかも知れない。自分で設定するなら、自分でその設定を解除すればよい。これは死ぬまで誰もわからないことなのだから、常に自分を磨いて努力することである。

　しかし、これ以上耐えられない、もうどうでもよくなったなどの理由で、「チャンス」を自らぶち壊すこともできよう。それはあなたの最終判断になる。しかし、それを後悔しても、もう遅い。自分でぶち壊したものを取り戻すことは、かなり難しい。

でもあきらめることもない。どこかの段階で、大きく方向転換して取り戻すことができれば、新たな「チャンス」が巡ってこよう。大切なことは、いつ訪れるかわからない絶好の「チャンス」がつかめるように、精神、身体、金銭、環境すべてにおいて、「チャンス」の有効期限をつくらないことだ。あなたの強い意志で。

2．「チャンス」をつかむ上で、あなたが知っておくべきこと
　<u>一旦、「チャンスの扉（幸運の扉）」が開いたら、目的を達成するまで、絶対に閉めるな</u>
　「チャンス」はいつ訪れるかわからない。これから訪れる「チャンス」や、既に訪れていて自分が気付かない「チャンス」もあろう。どの時点においても「チャンス」だと気付いた時には、目標を達成するまで離さないことだ。つまり「チャンス」の前髪か前ひげをしっかりつかむことである。

　あなたの強い意志と不断のたゆまぬ努力で、最後までやり遂げるのである。途中で離してしまえば、他人へ飛んでいってしまうかもしれない。そうなれば、次はいつ訪れるかわからない。大きな怪我や病気をしたり、法を犯すようなことがないように、集中して自分の目標に向かうことだ。

　■　あなたがこれから歩んでいく人生は白紙である
　あなたがこれから歩んでいく人生はどこにも書かれていない。あなたが歩みながら、あなた自身が書いていくのである。自分が方向性を定め、自分が良し悪しを判断し、あらゆることを考え実行し、自分の人生が過ぎ去ると同時に書いていく。失敗もすれば成功もする。間違

いや失敗に気付けば、それを認め反省し、途中で自分の人生を修正して、新たな目標へと向かって行く。

私の名言に、「人生途中からでも、修正可能」がある。あなたが気づいた時点で、いつでも修正は可能だ。またあなた自身があなたの人生の主役であり、自分の運命を自由に変えることができる。自分が前に進めば、周囲も自ずとついてくるものである。人生は自分がテレビドラマの主役を演じているかのごとく、自分で自分を見ながら、役をこなして進んでいく。それを総括する監督でもある。しかし、予告編はない。事前に何も描かれていないのだから。私は、それを信じて、自己限定することなく、あきらめることなく、プラス思考（積極的で前向きな思考）で自分の人生を精一杯、描いている。

■ 自分に自信をつけていく

自分に自信をつける方法はたくさんある。多くの失敗をしたり、様々な経験を積んで自信がついてくるものだ。私が１つ紹介したいのは、自分の人生で失敗したことを、チャンスを見つけて再度挑戦し、成功させることだ。それは自分にとって大きな自信となる。

人生、誰でも大きな失敗を１度はするであろう。失敗は恐怖心として心の奥底に残る。言われる精神的外傷（トラウマ）である。自分が自覚してないところ、たとえば潜在意識の中に残っている。だから人生の大きな痛手となり、自信喪失の元となり、影となって自分の人生にまとわりつく。忘れたと思っていても、本当は忘れてはいない。傷跡のある人生、汚点のある人生は、その数が多ければ多いほど、あなたの人生の障害になっていく。自信を失い、やる気を失い、恐怖心を感じる。それを打ち消すには失敗したことに再挑戦して、打ち勝つこ

とである。

　たとえば、資格試験や国家試験やライセンス取得などに何回失敗してもあなたの強い意志とたゆまぬ努力で、必ずいつか合格すると信じ、挑戦し続けることである。それが人生の自信へとつながっていく。「チャンス」は、自分さえ準備しておけば、また巡ってくるだろう。それを獲得して成功に導くことだ。だから常に準備しておくことが必要だ。

　ここで私の体験を紹介しよう。スキューバダイビングのライセンスの取得に関することだ。なんと私の場合は、10年もかかった。

　私は、いつか、海に潜って魚や珊瑚を見たい、そうすれば自分の人生観や人生そのものが変わると夢見た。しかし、体験ダイビングの時に怖い思いをしてしまい、それをあきらめた。自分自身がその扉を閉ざしてしまったのである。しかし後悔は10年間続いた。

　私は小学校の頃から、泳ぎが大の苦手。潜ることができなかった。プールの中で先生からきびしい指導を受けて潜る練習はしたが、プールの水を飲んでしまったりと、正直言って怖かった。しかしそれが将来の自分にとって大切であることはわかっていた。だから一生懸命がんばった。やがて潜れるようになり、泳げるようにもなったが、あまりにも下手な泳ぎであった。ある時、学校で競泳に参加した。その時、先生が「がんばれ！　がんばれ！」とゴール地点で声をかけてくれた。最後まで泳ぎきったが、もちろんビリであった。しかし完走できたことが私の人生の自信につながった。これが大人になってからダイビングという新たな挑戦につながった。

　体験ダイビングは日本で受けた。胸ほどの深さの浅いプールで、ダイビングの装備をつけてそのまましゃがんで数分潜るだけであった。

しかし私にとっては初めての体験。途中で、いつ口の中に水が入ってくるかわからない、いつ息ができなくなるかもしれないとパニックになり、頭を上げようとした。するとインストラクターに頭を押さえつけられた。がんばって潜り続けたが、恐怖で体が震えだし断念。頭を完全にあげて立ってしまった。この時点でダイビングの夢が消えてしまった。それどころか、そこまで努力してダイビングをする価値がどこにあるかと自分自身が開き直ってしまった。そのような自分を、正当化してしまったのだ。これだと「ダイビング」という「チャンス」は二度と訪れはしない。
　ふと、自分の人生のタイムラインがここで2つに分かれていることを想像した。ダイビングライセンスを持っている自分と持っていない自分。
　もし取得すれば、地上ではとうてい味わうことができないすばらしい海の世界が体験できる。私の人生観を変え、運命を変えるかもしれない。自分がマンタやクジラ、カメやペンギンと一緒に泳いでいる姿が想像できる。
　しかしダイビングライセンスを持っていない自分の人生のタイムラインは、ダイビングの良さを否定し、ダイビングができなかった自分を悔やみ、もしダイビングをしていたら自分の人生はこうなっていただろうと想像することはなかった。自分が魚たちと一緒に泳いでいる姿など、想像することはなかった。
　私は、ダイビングライセンスを取得する方のタイムラインを選んだ。だから決してあきらめなかった。潜れなかった自分が潜れるようになり、泳げるようにまでなったのだ。その後も泳ぐことだけはどうにか続けた。

その後、シドニーに移り住み始めた私は、ダイビングのことを再び耳にした。オーストラリアはダイビングが盛んな国。多くの人がダイビングをスポーツとして楽しんでいる。どうしてもライセンスを取得してグレートバリアリーフに潜って海の中のパラダイス（天国）を一目見たいと夢見た。

　そしてシドニーのあるダイビングセンターへ足を運んだ。気立てのよいオーストラリア人男性のインストラクターが対応してくれた。名前は、ジェフ（Geoff）。即刻、私の相談に乗ってくれた。過去のいきさつをすべて話した。また自分の夢も話した。すると、「頭は押さえつけないから、一緒にがんばって夢を達成しよう」と言ってくれた。そして個人レッスンで最初のダイビングライセンスに臨んだ。講義を受けて勉強して、筆記試験に合格。その後プールで実習が始まった。ジェフは、怖ければいつでもやめてもいいと言ってくれたので、いつでもやめる用意はできていたが、10年前の失敗は繰り返したくなかった。新たな自分を見つけて、新たな人生を歩みたかった。自分に自信をつけたかった。

　10年間泳ぎ続けたことが功を奏したのか、意外と簡単にトレーニングをこなすことができた。その後、海へ移動。

　海でのダイビングは怖かった。何度もやめようと思ったが、今回は新たな自分を獲得したいという願望が打ち勝った。夢を失う方が恐怖に感じた。恐怖心を夢へと切り替えた。

　そして、最初はダイビング器材の準備から組み立てや装着、バディー同士でのチェック、エントリーの仕方を学んだ。次に海中18メートルまで潜り、中性浮力など海中でのバランスのとり方を訓練した。数日後に無事に合格。ダイビングライセンスを獲得した。「チャンス」

を成功につなげた瞬間、自分の運命を変えた瞬間であった。ジェフと共に喜び合った。

　今思えば、ジェフとの出会いも「チャンス」であったと思う。また恐怖心を夢に切り替えることができたのも、「チャンス」を活かすきっかけとなった。

　その後、目的であったグレートバリアリーフでダイビングを楽しんだ。世界で最も美しい珊瑚が生息する海の天国グレートバリアリーフは、まるで竜宮城のごとき美しい世界であった。過去10年間の苦しみや自信喪失は既に消えていた。その後、世界中でダイビングをし、海中撮影（写真とビデオはホームページや YouTube で紹介）も成功している。続けてアドバンスドダイビングとレスキューダイビングのライセンスも取得。そしてディープダイビングに挑戦することにした。海水40メートルへの挑戦である。

　数年後、シドニーの別のダイビングセンターへ行ってディープダイビングを申し込み、トレーニングを始めた。思ったよりもきびしく予想外に怖く感じた。まだ挑戦したことのない深さ40メートル。果たして自分にできるのであろうか。その不安が現実のものとなってしまった。浅い海の中で行ったサバイバルトレーニングに手こずってしまった。できなかったことが多々あった。これと同じことを深さ40メートルで行うことは精神的に不可能に近かった。そのような精神状態で臨んでもできないことはわかっていたが、それでも挑戦だけはしてみたかった。

　当日はシドニー湾の外海へボートで移動。そこで40メートルを潜ることになった。波が高いように感じた。実際には高くなかったが、非常に高く感じ足がすくんでしまった。飛び込んだが深く潜れず、イン

ストラクターからストップがかかってしまった。結局その時点で、悔しい思いとともにすべてが終わってしまった。しかしやはりリベンジをしたかった。場所を変えての再挑戦だ。

　そして深さ30メートルしかないモルディブの海に目をつけた。幸いにもディープダイビングのトレーニングをしているダイブショップを見つけた。ダイブショップの店長と連絡を取り合って綿密に計画を立て、いざモルディブへ。さっそくダイビングセンターへ行って、ディープダイビングのトレーニングを始めた。しかし運悪くその時のインストラクターは店長ではなく、きびしい人で、慣れているはずの30メートルの深さでも、ライセンスに必要なトレーニングをクリアできなかった。そして、私には無理だからあきらめるように言ってきた。

　またもや同じ失敗の繰り返しか。ここまでお金と時間をかけてきたのに、ここであきらめきれるのか。このような自分を変えることはできないのか。どれだけ努力しても、いくら意志が強くても、どうにもならないことがあるのか。本当にそうだろうか……焦った。

　私は、ダイビングセンターの店長とかけあった。今までのいきさつをすべて説明し、私の熱意だけは伝えた。すると店長は自ら私のインストラクターになり、指導してくれると申し出てくれた。

　「チャンス」が再び訪れた。しかし、これが「ラストチャンス」だとわかっていた。これ以上失うものがなかったから、怖いと思うことはなかった。「ピンチ」を「チャンス」に変える最後の時だ。そう考えると不思議と落ち着き、体から緊張感も消えていった。すると精神的にゆとりができた。

　翌日、深さ30メートルの海でトレーニングが始まった。次から次へとこなすことができた。体が思うように動いた。少し休憩している

と、ひれを広げれば6メートルもあると思われるジャイアントマンタがすぐ近くに現れた。大きな口をあけて旋回しながらプランクトンを食べていた。

こんな近くでこんなに珍しい光景が見られるとは、なんとラッキー！　私は写真とビデオでその光景を撮影した（私はいつもビデオカメラとデジタルカメラの両方を持って潜る）。インストラクターは、私とマンタの写真やビデオを撮ってくれた。モルディブまでやってきて、深い海に潜ることができたから、ジャンアントマンタにも出会えたのだ。すると、マンタが私を見つけたのか、私の真正面から数メートルの地点で急に止まった。私をずっと見ていた。

何が起こったのだろうか。不思議に思った私は、その時点でビデオカメラをマンタに向けて撮り始めた。するとマンタはまっしぐらに私に向かって突進してきた。そばにいたインストラクターは、そのまま動かないようにと私に指示してきた。

私はジャイアントマンタと正面衝突して押しつぶされると覚悟した。私の人生、これで終わり……もうダメだと思った瞬間、マンタは、私を避けて頭の上すれすれに泳いでいった。頭の上がマンタの白いお腹で真っ白になった。それほど大きなお腹だった。その瞬間、ビデオを上向けにしてお腹の部分を撮影、もう片方の手で、マンタの大きなお腹にさわった。肉厚でざらざらしていた。巨大マンタとの大接近。貴重な体験であった。マンタにとっては、単なる遊び心だったのだろうが。

次に、巨大クジラが急接近。間近で見ることができた。最初は潜水艦だと思ったほどの巨大な大きさだ。まさかトレーニング中にこのような体験ができるとは……モルディブまでやって来て頑張った甲斐が

あった。私の努力に対する「神様からのごほうびだ」と思った。「あなたは、ものすごくラッキーだ」とインストラクターに言われ、とてつもなくうれしくなった。

　努力すれば、何倍にも膨れた喜びが味わえるのだと実感した。その後、数回潜り、無事にトレーニングの項目をクリア。みごとリベンジ成功！　そしてディープダイビングのライセンスを取得。モルディブで自分に信をつけて、みごと自分の目標と夢を勝ち取った。

■ 自己限定をしない

　自己限定は禁物である。自己限定とは、自分はできないと決めつけて、自分の能力を限定してしまうことである。「自分には無理」、「自分はダメな人間だから」、「才能がないから」、「どうせやっても同じだ」と考えるのが自己限定だ。自分を限定してしまえば、自分の成長が途絶えてしまう。たとえ「チャンス」がやってきたとしてもそれが見えない。だからつかめない。結局は、自分は運が悪いと思ってしまう。そうなれば悪循環になってしまう。へたをしたら好機が訪れることなしに、人生が終わってしまうかもしれない。

　どのような状況下であっても、自分の長所や自分ができることを探して、そこを伸ばして成長していく。自分の強い意志で、自分自身を抑えつけている「ふた」を開けて、自分を解放して、前へ進むのである。

　もし自己限定をして自己改善への道を閉ざしてしまったなら、あなたの人生はそれ相応の人生に変わってしまう。

　つまり「チャンス」と呼ばれる人生の転機は、自分の成長を止めたり、自分をあきらめてしまった人には訪れないということだ。自己限

定するかどうかは、最終的には自分の判断である。そして重要なのは、自分が死ぬ瞬間まで、自己限定をしないことである。人生はどう急転換するかわからない。もし自分が自己限定していたと思うなら、あなたがたとえ何歳であったとしても、どういう境遇であったとしても、自己限定はいつでも解除できることだけは、覚えておいて欲しい。

■ 恐怖心を打ち消す

　恐怖心は誰もがもっている。そして生きている限り、決して消えることはない。しかし自分の強い意志で打ち消すことはできる。つまり恐怖心を恐怖心以外のもの、たとえば「興奮」や「挑戦」や「夢」に置き換えるのである。冒険記の中でも、この事に多く触れている。または何か別のことに集中する。集中している間は、恐怖心を忘れられるだろう。それが無理なら、自分の強い意志で我慢し、恐怖が過ぎ去るまで待つことである。もっと重要なことは、恐怖心の根源を掘り下げて探し出すことである。そして、それに対し、何等かの対策を考える。消えれば結構。もし恐怖心が消えなくても、それが何だか知ることで、少しでも恐怖心を和らがせることができよう。そのことは私のタイタニックの体験でもわかる。私は恐怖を興奮に切り替えた。それも人生でもっともエキサイティングな瞬間に。

　それでは大きな壁にぶち当たったらどうすればよいのか。いくらがんばってもこれ以上、先に進むことができないとなると、一種の恐怖を感じてしまう。大きな壁を乗り越えることは簡単なことではない。一生懸命にがんばって壁を途中まで登ったとしても、落ちてしまうことが多い。そうなれば、ふりだしに戻ってしまう。その時のショック

の方が、大きいだろう。

　1番良い方法は、大きな壁をそのままにするのではなく、自分の意志やたゆまぬ努力で、大きな壁を薄くしたり小さくして、自分が登りやすくする、またはトンネルなどの近道をつくることだ。

　場合によっては複数の人が同じ恐怖を感じることもある。特に自然災害や大事故の場合である。誰もが抱いている恐怖心を自分がどのように克服できるか、1つアドバイスしよう。

　それは、自分が抱いている恐怖に対し、他人にどのようにしてもらえばその恐怖が消えるか考えて、それを他の人に施すことである。つまり他人の恐怖心を和らがせることで、自分の恐怖心を和らがせるという仕組みだ。本来なら、自分が恐怖で脅えて助けを必要としているのに、そんな余裕がないのが実情だが、あなたに強い意志があればできると思う。ここで1つおもしろい実話を紹介しよう。

　数年前、アフリカで夜行便に乗っていたときのことである。話は飛行機に乗る前にさかのぼる。空港で搭乗手続きのために並んでいるとき、珍しくも日本人に出会った。中年の男性である。その男性は、仕事の関係でよくこの区間を飛行機で旅をするという。しばらく日本人に会っていなかった私は、この男性に親しみを感じ、並んでいる間、話をした。それだけで、異国での緊張感が少しほぐれたように感じた。

　その後、機内で会うことはないと思っていたその男性が、なんと私の真後ろの座席に座った。「また会いましたね」ということで、話が弾んだ。日本人、それもこの区間を旅慣れている男性が一緒であれば、飛行機の旅も安心だと急に心強く思えた。

　やがて飛行機は離陸。水平飛行に入った。しばらくたった後、機体

の揺れが激しいことに気付いた。これほど気流のために機体が長時間揺れた経験は1度もなかった。不安がよぎった。もしかしたら砂漠に墜落？

　さらに機体が激しく上下に揺れた。周りが騒然としてきた。私の緊張感は頂点に達した。そして後ろに座っている日本人の男性に一言「この飛行機は、いつもこんなに揺れるものですか。大丈夫かしら」と聞こうとした瞬間、その男性が、後ろから私の肩に触れて、「この飛行機、こんなに揺れたことがないのに大丈夫だろうか」と聞いてきた。

　私はぞっとした。立場が逆になってしまったではないか。返す言葉もなく、ひたすら何を言ったらよいか考えた。恐怖の真っただ中にいる時にそう簡単に考えられるはずがない。そしてふと私が言われたら安心する言葉をかけてあげたらよいと思った。

　最初に客室乗務員の様子を見た。彼らが慌てふためいていたら、非常事態だと解釈しようと思った。しかし彼らは普通の会話をしては大声で笑っていた。それを見て、私はこの飛行機はまだ安全だと思った。でも何と答えたらよいのか。考えが浮かばなかった私は、ふとこう言ってしまった。「私が乗った飛行機は1度も落ちたことがないから、絶対に大丈夫ですよ」。それは確かであるが、今回もそうであるという保証は1つもない。

　でも自分が乗る飛行機は絶対に落ちないと言う、奇妙な自信があった。するとその男性は一言「そうだね」と言って、腰を落ち着かせて眠ってしまった。なぜだかそれを見て私は安心した。なんだか恐怖心が打ち消されたようだった。しかしその言葉は、私が誰かに言ってもらいたかった言葉である。それを私から飛行経験者に言うなんて

……。でもそれを言うことで、自分が落ち着いたではないか。

やがて機内放送があり、「激しい気流を通過しました。これからはそれほど揺れません」と機長がその時の状況を説明してくれた。もっと早く言ってくれれば心配しなかったのに、今頃言うとは……と思ったが、おそらく機長は一生懸命にこの気流をやりくりしていたのだろう。

翌日、飛行機は無事に目的地に到着。その日本人男性はどうかというと、「昨晩はありがとうございました」と私に一言、礼を言ってきた。彼も、誰でもいいから、「飛行機は墜落しない」という一言を聞きたかったのかもしれない。私が聞きたかったように。

この経験からわかるように、あなたの周辺に何等かの恐怖心を感じている人がいれば、自分をその人の立場において、何を言われれば恐怖心が和らぐかを考えて、その人に言ってあげよう。その人が安心する姿を見れば、あなた自信の恐怖心も和らぐであろう。また、それも人様に対する親切心だと思う。

■ 自らリスクに立ち向かって行く「リスクテーカー（Risk Taker）」になる

人生は安定している方がよい。しかし、人生は「波」である。それゆえに人生は上下に浮き沈みし、翻弄されやすい。同時に人生には転機が必ず訪れる。それを「チャンス」として活かして、人生の成功へと導いていく。それには、自分から危険を冒してでも、何かをやり遂げる勇気が必要だ。

ここで論じる「リスクテーカー」とは、「自分の命の危険を冒す人」という意味ではない。自分が今までの人生の中で、踏み込んでこなか

ったもう少し先の1歩に足を踏み入れて、多少のリスクを負ってでも努力していくことである。そして、さらに2歩、3歩、前に進んでいく。

また「リスクテーカー」になれば、前進する度合いが大きくなる。つまり人生の大きな賭けに挑戦して成功すれば、それだけ大きな飛躍を遂げることができる。

大成功を収めることもできる。しかし、失敗するかもしれない。でもそれをあなたが経験として受け止めることができるなら、その失敗を次に活かすことができよう。成功すれば、大きな自信となり、さらなる挑戦への道が開いていく。自分の人生に対しギャンブルをするかのごとく、「賭け」をしていくのである。そのタイミングはあなたが「チャンス」がつかめると実感した時である。大きな挑戦には日頃の努力や準備の積み重ねが必要だ。ただ狙っているだけでは、的がはずれてしまう。または届かないであろう。自分の人生に集中して取り組んでもらいたい。

■ 人に親切にすること・善意をつくすこと

若いころ、私はケチで人を助けることをあまりしなかった。とかく自分のことで精一杯だったのだ。

旅行先のある国でこう言われたことがある。詳細は省くが、親切にしてくださったある女性に感謝し、何らかの恩返しをしたいと申し出たところ、こう言われた。「あなたが親切を受けるのは、あなたが人に優しいことをしてきたから、またはこれからあなたがそういう人になるからです。だから私にではなく、あなたと同じように困っている人を助けてあげてください。それが私への恩返しです」と。

その人は私がケチ人間だとわかっていたかのごとく、私に親切にすることで、親切のありがたさ、親切の仕方を教えてくれたのだ。そしてたとえ親切にしてくださった人に直接恩返しができなくても、困っている人を助けてあげることがその人への恩返しになることも教えてくれた。
　親子関係に似ていると思った。子はいくら親に孝行しても育ててくれた親にはすべて恩返しはできない。だから自分の子供にその恩を返す如く、育てるのである。
　ペットも同じである。主人に対して、恩返しなどできない。でも精一杯生きて、主人に甘えることで、人間に孝行をするのである。それによって癒される人は多いであろう。私の名言に「動物は人間孝行なり」がある。心当たりがある人も多いだろう。
　ここで大切なことは、人様にお世話になるときは、必要なのだから、ためらわずに世話になることだ。あなたを助けてくれる人が現れること自体が、あなたへの救いであり、そこから何らかの教訓が学べるのだ。それがあなたに与えられた「チャンス」でもある。反対に、人様をお助けする時には、理屈も精神的、身体的、金銭的余裕もいらない。その時にあなたができることをすればいいだけである。
　私は、日本で困っている外人が目の前にいれば、よく声をかけて助けてあげる。ある時、成田空港で公衆電話を使おうとしている外人が何か困っているように見えた。ちょうど通りすがりであったが、横目で見ると、コインの入れ方がわからなかったようだ。というよりも、その公衆電話はテレフォンカード専用であった。何もわからないこの人に、私はさっと自分がもっているテレフォンカードを電話の中に差し込んだ。そして電話するように言った。すると彼女は電話をして、

迎えにきてくれる予定の友達にやっと連絡がとれた。

　その後、彼女が電話をかける必要がまたでてくることを懸念して、私はそのテレフォンカードを彼女にあげた。彼女は涙を浮かべて「Thank you」と言った。私にとっては大したことではないが、異国の地で友達に連絡がとれない彼女にとっては危機的な状況であったに違いない。自分が施す親切は小さなものかもしれないが、親切を受ける人にとっては計り知れないほど大きな助けとなるのだ。

　ちょっと飛躍するかもしれないが、困っている人を助けると、自分が困った時に助けてもらえる「チャンス」がタイミングよく現れるように思える。Give and Take（ギブ・アンド・テイク）やかけ引きではないが、そのような原理が働いていると思う。もちろん、自分が困った時に人に助けてもらうことを願って、人を助けるわけではないが、人様を助ける人は、自然の摂理がその人を放っておかずに助けようとする。

　「情けは人のためならず」とよく言うが、巡り巡って自分に戻ってくるのである。自分の時間や多少のお金をさいてでも人様に善意をつくすことは、あなたの「チャンス」の到来をより良きものにするのかもしれない。

　だから、冒険記でも触れたように、私は冒険中でも、人様にできることはさせていただいている。反対に人を助けない人、ケチな人は、自分を助けてくれる人も少なく、またタイミングよく助けてもらえないような気がする。本当かどうか知りたい人は、やってみてはいかがですか。しかし、人に利用されないよう気をつけることが大切ですよ。

■ 自分をほめよう・自分にごほうびをあげよう。道具や物に感謝しよう

　１つ１つ自分の目標を達成していったら、自分をほめよう。またはごほうびをあげよう。言葉でほめること、励ますこと、元気づけることは、それが自分自身に対してであっても、家族や友人に対してであっても、魂を躍動させ、オーラをきれいにさせ、人をどんどん前進させる燃料（エンジン）になる。自信にもつながり、調子をつかむこともできる。だから意識して、自分が達成できたことや自分の良い行いを認識し、大いにほめることである。

　それが文化的に合わない、そのような環境に育っていない、そのようなことを言うのが恥ずかしいと言い分はたくさんあるかもしれないが、自分や人をほめたり、励ますことは、異なる文化や育った環境の違いを超えた、誰もができることだと思う。「究極的な人の魂の成長」につながるものだ。

　それでは、どのようにしたらよいのか。自分と一緒にがんばってくれた、自分の頭、目、手足、体に１つ１つ触れながら「ここまでよく私と一緒にがんばってくれたね。ここまでがんばってくれたからこそ、私は目標を達成できたのよ。本当にありがとう」と感謝する。そうすれば自分の頭や体は、元気づけられもっと働いてくれる。

　私は、自分の頭や体によく感謝する。仕事で過熱しすぎるくらい頭を使ったあとでも、「頭さん、ここまでがんばってくれてありがとう」と感謝する。すると不思議と頭に回復力が出てきて、次の日もがんばれる。不思議なものだ。

　ピアノを弾く時は指に感謝している。小さい指であってもがんばってここまで動いてくれる指に感謝できないわけがない。

フィギュアスケートをする時は足に感謝している。それほど強くない足であっても、スピンやジャンプができるこの足に、感謝できないわけがない。「百聞は一見にしかず」。信じられなかったら、自分の体に感謝してみてはいかが？

　自分へのごほうびとして、おいしい食事を食べに行ったり、旅行に行ってくつろいだり、買いたいものを買ってもよいだろう。自分自身を労わることである。

　努力している間は、自分を痛めつけているわけではなくとも、多くの負担を強いている。だから時間があいた時に労わってあげるのだ。そうすれば、体はストライキを起こすことはなく、あなたの思う通りに動いてくれよう。

　また自分の道具にも感謝しよう。私はフィギュアスケートのブレードとブーツをもっている。ブレードはシルバーではなくゴールドブレードで、英国で特別注文としてあつらえたものだ。「あなたは素敵よ、本当にきれいよ。皆がきれいと言っているわよ。あなたのおかげでスケートも上手になっているのよ。ありがとう」と声をかけると自分と絆が結ばれたように感じ、上手にスケートができるように感じる。

　私はスタインウェイグランドピアノももっている。同じように、「ありがとう、あなたはスタイル抜群、ルックスも文句なし。音色は神々の歌声のように美しい」とほめてあげる。するとピアノは私の指に一生懸命に応えてくれるかのように動いてくれる。また私の心を和ませてくれ、落ち着かせてくれる。疲れも癒してくれる。だから仕事で疲れたら、寝込んだりせずに、ピアノを弾いて頭や心を休ませて、それから仕事に戻る。そうするとなぜだか仕事がはかどる。

　ちなみに、疲れた時に寝込んでもあまり疲れはとれない。眠たくな

っても、気分転換に音楽（楽器の演奏や音楽鑑賞）やスポーツ（簡単な体操でもよい）をして頭と体を疲労から回復させてから、また仕事に戻ると仕事がはかどる。寝るときは一挙に寝ることだ。試してみるとよい。

ここで、物とあなたには特別な因縁があり、魂の世界でつながっている永遠の友であるという興味深い話を1つしよう。私の実話として、スタインウェイグランドピアノとの出会いについて、ぜひとも話したい。

私は子供の頃より、将来、音大に入ってピアノで生計をたてることを望んでいた。それが私の人生の夢であり、目標であった。しかしそれが叶えられる「チャンス」は1度も訪れなかった。

小学生の時にオルガンを少し学び、その後に両親がヤマハの縦型ピアノを買ってくれたので、2年ほどピアノを習った。しかし指が短く小さな私の手では、ピアノを弾くことは不可能に思えた。ピアノが弾ける楽しみよりも、ピアノが自由に思ったように弾けない苦痛の方がはるかに大きかった。だからすぐにあきらめた。でもピアノの美しい音色だけは忘れることができず、時々弾いていた。

そして中学生の時に少し、高校生の時に少しピアノのレッスンを受けたが、音大へ行けるほどの実力は得られず、結局あきらめた。それでもピアノを弾くことをあきらめなかった私は、アメリカでも少しピアノを習ったが、上手に弾けることはなかった。その後、好きなショパンの曲だけは、数十年も弾き続けた。と言ってもピアノが家にないことが多かったので、学校か友人宅で弾かせてもらうだけだった。だから上達することもなかった。

ピアノに集中できたのは、大学で博士課程を勉強している間だっ

た。1日中、博士課程の研究をした後、夜に、大学のピアノ練習室で夜遅くまでピアノを弾いた。それがきびしい博士課程の研究をする中で、唯一の楽しみであった。頭や心の安らぎであり、自分自身を忘れることができる唯一の瞬間であった。新鮮なエネルギーが補給できるように感じた。実際に、1日の研究内容を頭の中で整理することができたほどだ。

　博士課程を無事に終え、日本に帰り、上席政治調査官として大使館に勤めていた間は、自宅にピアノがあったので、弾き続けた。それもずっと同じ曲ばかり弾き続けた。主な曲は、ショパンピアノ協奏曲No.1、バラード1、スケルツオ2、英雄ポロネーズ、幻想即興曲。すべて自己流のピアノ演奏であったが、すべて暗譜して一通り弾けるようにまでなった。

　その後、政治学を大学で教えることとなり、2000年後半に、オーストラリアに戻った。またピアノがない生活が続いた。一生懸命覚えた曲も忘れかけていた。ピアノがない生活がつらくなった。と同時に、生きている間にグランドピアノを買いたい願望が芽生えてきた。本当は子供の頃から欲しかったのだが……。

　そして住んでいたシドニー近辺にあるピアノ屋に思わず足を入れた。そのピアノ屋は、なんと「スタインウェイ＆サンズ」の代理店であるThemes & Variationsであった。

　ここで簡単に、スタインウェイのピアノについて説明しよう。スタインウェイ＆サンズは1853年にニューヨークとドイツのハンブルグで設立され、今では世界のピアノメーカーの御三家の1つに数えられる。

　また「世界の楽器の宝石」として知られており、何年もかけてこの

道一筋の熟練工がすべて手作りでピアノを製造する。またコンサートピアニストの10人に9人がスタインウェイのピアノを選び、世界のコンサートステージのピアノの95％がスタインウェイのピアノだとも言われる。

しかし、ピアノの値段を見てびっくり。新品のグランドピアノは、どれもが日本円にしても8ケタはする。そんな高級なピアノは私には必要なかった。お金がないことと、それほどの素晴らしいピアノを弾きこなすだけのピアノのテクニックが自分になかったからだ。

でも試弾するとその音の良さがよくわかった。その音色は「神々の音色」とも言われるほど、この世とは思えない美しい音であった。ピアノが下手な私にも、きれいに響いてくれた。一生、付き合いたい友のように感じた。実際にそうなってもらいたいと……店長かつ現役のコンサートピアノテクニシャン（オペラハウスなどの有名なコンサートホールにあるスタインウェイコンサートグランドピアノの調律師）でもあるアラ（Ara）さんと時々話をしたが、私は自分のピアノの熱意の話はできても、お金の話はできなかった。

グランドピアノをいつかは買いたいと願ったが、奇跡が起こらない限りその「チャンス」が到来することがないことはわかっていた。

その後も、ピアノを拝みにThemes & Variationsに何度も通い続けた。

そして2年が経った。

ある時、大量の翻訳の仕事の注文が入った。数人で1年ほどかけて仕上げるほどの量だ。私は大学で教える傍ら、他の仕事もしつつ、この翻訳の仕事を寝る時間を割いて、やり始めた。ひどいときは1日に1時間しか寝ないことが1週間ほど続いた。それも何回も。それでも

この仕事を続けた。

そして1年が経った。するとお金が日本円にして7ケタ強貯まっていた。そのお金は、アパートの返済に充てようと考えた。ちょうど1年前に、頭金だけ支払って、銀行から融資を受けて、シドニー近くのチャッツウッドという町にアパートの1室を購入した。実は、これも奇跡の連続で買えた物件だ。詳細は別の機会に話したい。自分のアパートをもっていたので、グランドピアノを置く立地条件は揃っていた。

ちょうどその時、Themes & VariationsのEメールのニュースレターが届き、あるキャンペーンがおこなわれていることを知った。それは、開業25周年を記念して、新品のスタインウェイグランドピアノの購入者の中から数名を選んで、シドニーからドイツのハンブルグまでの往復国際航空券とホテルを無料で提供し、ドイツハンブルグにあるスタインウェイ&サンズの工場へ無料招待し、ピアニストと一緒に工場のピアノ選定室でグランドピアノを選定し、そのピアノをオーストラリアまで運んでくるという壮大な企画だ。

今の私にはお金がある。そして、運よくアパートも購入できたので、ピアノを置く場所もある。場所はシドニーだから、日本ほど湿気がないので、ピアノの外敵である湿気の心配も少ない。ドイツハンブルグのスタインウェイ工場でグランドピアノを買うとは、コンサートピアニスト並のピアノの買い方だ。そして私もその1人になれる。世界最高峰のピアノが、それもおひざ元のドイツで購入できるのだ。

一生に一度訪れるかどうかわからない絶好の「チャンス」が私の目の前に現れた。

さっそくアラに連絡して、この企画を通してグランドピアノをどう

しても購入したいと、私の希望を強く伝えた。アラには私のピアノに対する熱情は十分に伝わっていた。なんせ私は3年近くこのピアノ屋に通い続けたのだから。

アラは私をその1人に選んでくれた。「幸運の扉」が私の真正面で開き、私はスタインウェイグランドピアノが買える「チャンス」を手中に収めた。私はその「チャンス」を最後まで決して離さないと自分に誓った。

その後、アラと購入に関する手続きをし、日程を決めた。アラは日本経由でドイツのハンブルグまでの往復航空券を手配してくれた。ホテルはハンブルグにあるアトランチス（Atlantis）ホテル。ジェームスボンドの映画が撮影された有名なホテルだ。

購入日は、2010年6月30日と決まった。そして支払いも全額、無事に完了。体が身震いするほどの額に私は興奮を覚えた。これで私の長年の夢が叶えられる。

そして予定通り、日本経由でドイツのハンブルグに前日の6月29日に到着。ホテルも映画が撮影されただけあって、すばらしい高級ホテル。場所も便利で、申し分なし。すべてがうまくいきすぎているほど、順調に進んでいた。私は躍動感に満ち溢れていた。

そして翌日早朝、タクシーでスタインウェイ工場へ到着。スタインウェイ社の上級営業部長であるトーマス氏が出迎えてくれた。そしてその日の予定を説明してくれた。

最初にピアノ工場の見学を2時間ほどする。それからピアノ選定室へ案内してもらい、そこであらかじめ用意されているグランドピアノ3台の中から1台選ぶ。その時にピアニストも同行してくれるので、ピアノを選択する際に相談に応じてくれる。そして選んだピアノは、

数週間後にオーストラリアに配送される。

さっそくピアノの工場へ案内してくれた。木材からピアノの型を作る過程から、製造、最後の微調整まですべてを見学した。

私なりに、理解した内容を簡単にまとめてみよう。木材は木材に含まれている水分が自然に乾燥するまでの間、工場敷地内で２年間保存される。そしてスタインウェイグランドピアノにとって最適な状態になってから、蒸気などを使わずに木材をピアノの型に曲げる。

その後、半年間乾燥させて、接着剤などの水分を蒸発させて、ピアノの型を永久的に固定する。これで音が強化され、音の振動がそのまま伝わるという。すべての部品も工場内で作られる。

ピアノの魂は響板で、振動伝達のためには欠かせない部分である。それがどういうものなのかもじっくり見学できた。個々の部品を完成させてから、組み立てが始まる。実際の組み立て作業には１年間かかるという。

弦の貼り方、約2000個あるアクション部品の取り付けや予備調整、鍵盤の取り付けと調整、盛りだくさん見学した。１番感動したのは、熟練工の意気込みと技術だ。スタインウェイ学校（工場のこと）へ入り、そこで独自の技術を習得し、ここで一生同じ仕事をして働く人達である。だからこそ、世界最高峰の宝石とも言われるピアノが誕生するのだ。十分に納得できることである。

これは、今の日本に欠けていることである。技術習得、技術の維持と進歩、技術継承の基本だ。日本も早くこれらを取り戻して、技術立国日本に復活してもらいたい。

見学後に、選定室へ案内された。ピアニストも同行した。そこには私のために３台のピアノが用意されていた。３台とも試弾してみた。

1台は音が曇っていたので、すぐさまふたを閉めて選定からはずした。

残りの2台は対照的で、判断に苦しんだ。1台は少し抑え目の音だったが、つぶがそろっているように全体的にきれいな音が出て、弾きやすかった。もう1台は音色が一段とすばらしく、高音は天まで届くように美しく響き、低音はドシンと来るような重みがあった。このピアノの大きさとしてはあまりにもピアノの音色がすばらしかった。でもこのように音色が豊かなグランドピアノは、音色が鮮明に出る反面、ミスタッチも目立つ。だから私には弾きづらかった。

当然、今の私のテクニックでは十分に弾きこなすことはできない。私はこのピアノだと内心決めていたが、とりあえずトーマス氏とピアニストと相談することにした。両者からすばらしいアドバイスをいただいたが、またもや混乱してしまった。すばらしい音色のピアノを選ぶか、少し音が控えめでも弾きやすい方のピアノを選ぶか、判断に迷ってしまった。

するとトーマス氏が休憩の時間を設けてくれた。お茶やお菓子を食べながら、しばらく雑談をして、それからもう一度考えることにした。休憩室に入ると、なんと有名ピアニストのサイン入り写真がずらりと並んでいた。この工場でピアノを購入したピアニスト達だ。今この場所にいる自分が信じられなかった。

その後、再びピアノ選定室へ。今回は、1人だけで行った。私とピアノだけの空間が広がった。私の大好きなショパンピアノ協奏曲No.1をこの2つのピアノで弾き比べた。またビデオにも撮影して、音色や自分の弾き方を比較した。もう答えはわかっていた。音色のすばらしいピアノの方を選んだ。あとは練習して慣れるようにするだけ

だ。

　トーマス氏にこのピアノが欲しいと伝えると、トーマス氏は「このピアノはあなたが来るのをずっと待っていた気がする。出会うべくして出会ったピアノだ」と、ふと一言。客を喜ばせるセールストークかと思えば、本当にそう感じたという。

　今思いきや、ピアノが木材から作られ始めたのが約3年前、私がスタインウェイのグランドピアノを購入したいと思い始めたのも約3年前。

　本当に出会うべくして、出会った運命なのだろうか。自分のソウルメイト（魂の底から付き合える一生の友）の出会いのように感じた。なんだか、このピアノが私の魂に呼びかけ、私をここまで連れてきたように感じた。

　私はその呼びかけに導かれるかの如く、大量注文の仕事を手に入れ、一生懸命働いて、このピアノが買えるほどのお金を絶妙のタイミングで貯めて、キャンペーンという絶妙のタイミングを活かして、ここハンブルグまで来た。

　今思うと、この「チャンス」がなければ、元々、仕事が入ってこなかったかもしれない。だからこのお金をアパートの返済に回すことなどできなかったのである。つまり、この「チャンス」がなければ、お金も入らなかったことになる。「チャンス」が生んだ「チャンス」をつかむための副次的「チャンス」である。

　またピアノ選定時に、自分が満足するピアノがあるかなどの不安は一切なかった。自分が選ぶピアノが絶対にあるという確信があり、疑うことがなかったのである。一体、これはどういう意味なのか。「チャンス」を本当につかんだ時には、不安など存在しないのである。反

対に、不安がある間は「チャンス」がつかみきれていない状態なのかもしれない。「チャンス」はあなたを待っている。だから、あなたはその王道を通って「チャンス」を手中に収めるだけだ。

　選定後、ピアノと一緒に記念撮影。その後私は、ドイツを去り、旧ユーゴスラビア諸国を旅して、オーストラリアに戻った。それからすぐにピアノがシドニーのアパートまで届いた。

　運よく、ちょうど寝室に入れるほどの大きさで、大満足。その後、私はこのピアノに多く励まされてきた。ピアノの腕も上達し、私を魂の底から癒してくれた。人生の永遠の友とは、こういうものかと実感している。アラが定期的に私のピアノの調律に来てくれる。コンサートピアノテクニシャンによる調律は、音色を一層素晴らしいものにしてくれる。

　それから数年、何人かの人が私のピアノを聞きに訪れた。そして皆が、「このピアノの音色はすばらしい。なかなか頭から離れない。思い出すと心が和む」と言う。弾いている私は、天国にいるような気分である。神々の音色に酔いしれ、心と魂が洗われ、ピアノも一段と上手になってきている。

　ピアノの名前を「ショパン」君と名付け、精一杯抱きしめたり、時には語りかけたりしている。そして私を見つけてくれたこと、そして今は私の傍にいつもいてくれることにとても感謝している。

　これが私とスタインウェイグランドピアノとの究極の出会いである。

　物との出会いは、人との出会いほど貴重ですばらしい。物と人との出会いは、物に含まれている魂と人の魂の触れ合いだ。あなたが触れる物すべてがあなたのエネルギーや存在を感じる。だから、どのよう

な物であっても粗末に扱うのではなく、大切に扱っていこう。そしてあなたの傍にいてくれること、あなたのために動いてくれることに感謝しよう。物はそのようなあたなにきっと十分に応えてくれるだろう。

■ 警察・税務署・移民局の世話になるな！

　人は誰でも、失敗する。取り返しのつかない失敗をすることもある。でも何があっても避けたいのは警察（事件が裁判沙汰になれば裁判所）、税務署、移民局のお世話になることだ。

　犯罪、脱税、違法就労や違法滞在などはすべて法を犯すことになる。その問題は一生あなたにまとわりつき、何かと障害となって現れてくる。特に法に関わる深刻な問題の場合はそうだ。

　もし裁判で敗訴すれば人生が大きく狂ってしまう。そうなれば「チャンス」が見える位置へ行くことや、自分を向上させることが困難になる。またその問題は、あなたの住んでいる国だけでなく、他国へも影響を及ぼすだろう。新しい人生を歩むために新天地を求めて海外へ行こうと思っても、これらの問題は何らかの形で後を引く。それが単なる海外旅行であっても、留学、就職、海外永住であっても同じことだ。だから判断を間違えずに、あなたの強い意志で気質をコントロールして、うまく人生を歩んでいこう。

　もし問題を起こしてしまい、警察・税務署・移民局のお世話になってしまったら、どうしたらよいのか。まずは罪を償い、新たな人生の道筋を見つけることだ。その中で与えられた「チャンス」を精一杯活かして生きていけばよい。あなたに強い意志があれば、人生が飛躍的に変わる「チャンス」が訪れるかもしれない。

■ 最悪と思われる事態でも最悪ではない。悪いことには底がないことを知れ、そして自分を守れ！

不治の病であっても、災害や人災に見舞われても、刑務所で服役しても、外国から強制送還されても、家庭不和であっても、今の事態が最悪でないかもしれないことを知ることが大切だ。

悪いことには底がない。だから、これ以上、最悪の事態はないと思っても、だんだん落ちていく。または状況がよくなったと思っても、実際は同じ状況がぐるぐる回っているだけで、改善されてない。実際には落ちて行っている状態であろう。そこから抜けきることは、なかなか難しい。なんらかのきっかけが必要である。

それはそこから抜けようとする「強い意志」だ。そのような状況であっても訪れるかもしれない「チャンス」をつかむことである。それは、おそらくあなたが必要としている人（または国や地域）による何等かの支援、アドバイスや協力であろう。そして、それを活かして、突破口を切り開いていく。

個人レベルであっても集団レベルであっても同じだ。最善を尽くせば後悔は少ないであろう。また、あなたがなんらかの「チャンス」を現役で狙っているのであれば、自傷行為は禁物だ。

さらに覚えておいた方がよいことは、「単独のチャンス」、「短期のチャンス」、「長期のチャンス」があるように、「単独の不運」、「短期の不運」、「長期の不運」もあり得るということだ。これは個人レベル、地域レベル、国家レベル、ないしは世界レベルでも起こりうる。

例を挙げると、自然災害で命は助かったもののすべてを失ってしまった人が、これ以上最悪のことはないと思っていても、さらに職を失う、家族、親戚、知人や友人と離ればなれになった状態が続く、なか

なか元の生活に戻れないなど、多くの問題を抱えてしまう。それだけではなく、さらに家族を病気や事故で失ってしまう、そして自分の健康までも害してしまうなど、不幸が長期にわたり連続して起こることである。それも予期せぬような形で……これに歯止めをかけることはできないのだろうか。

　まずは自分に訪れるかもしれない危険や危害を最小限にとどめるよう、自分を自ら守っていくことである。精神的にも身体的にも経済的にも望ましい状態でない中、そう簡単にできることではない。しかし、自分の身の周りの出来事に注視して、これ以上問題が起こらないように、問題に巻き込まれないように、健康を害さないように細心の注意を払い、少しでも自分自身への危険や危害を減らしていくことだ。つまり、あなたの強い意志で押し通すあなたの防衛力が、不幸や不運を少しでも防いでくれる。

■ 偽りの自分をなくそう

　偽りの自分とは、自分に対して正直に生きてない人のことだ。自分自身を偽って生きている。なぜ、それがだめなのか。私は、自分を偽っている人には、「チャンス」が訪れないと思う。それが自然の摂理だからだ。

　「人事をつくして天命を待つ」という諺がある。広辞苑によると、「人間としてできるかぎりのことをして、その上は天命に任せて心を労しない」という意味だ。つまり自分は一生懸命に努力して、後は天（事の成り行き）にすべてをまかせるということだ。偽っている自分は、偽りの努力しかできない。人に訴える感動もなければ、中身も空っぽである。天に通じるものがないのだ（ここで言う「天」とは、概

念的な「神」という意味もあるが、現実的にはあなたに指導や協力をしてくださる、または機会を与えてくださる先生や上司や協力者などである）。

　天は何も見ていないようであっても、実はあなたの行いを１つ１つじっくりと見ている。その努力に対して、「チャンス」を与えてくれる。だから正直な自分をさらけだして、天に見てもらうことが必要だ。

　それでは正直になれない自分がいたとしたら、どうしたらよいのか。正直になる時間をもとう。それは自分の正直な気持ちを何に対してでもよいから語りかけることだ。独り言でもかまわない。誰もいない時に自分の家や部屋の中で、ぶつぶつと自分に語りかけてもよい。鏡を見て自分に語りかけてもよい。ペットに話しかけてもよい。ペットはあなたに何かを語りかけてこよう。ぬいぐるみや何かの物に語りかけてもよい。自分の感情を正直に表してみるのだ。

　とにかく自分に正直になれる時間があれば、少しでも自分自身を取り戻すことができる。その時の自分を大切にし、偽りの人生に染まりきらないようにする。それを徐々に自分のものにしていけば、いつかは正直な自分へと切り替えていくことができよう。

■ 人との出会い：絶妙のタイミングで自分が必要としている人と出会う

　チャンスをつかむには人との出会いが最も重要である。それはあなたの目標達成を手助けしてくれる協力者である。私の冒険の場合も、協力者の存在が不可欠であった。協力者がいたからこそ、最後の最後まで助けられ、目標を達成できたのである。そしてあなたがビジネ

ス、キャリア、試合などで成功するためには、的確に指導してくれる人、恩師的存在が必要である。

　恩師とは、いわゆる弟子入りするような師弟関係のことである。西洋ではコーチングとかメンターとも言う。1人の先生に長年ついて、手取り足取り教えてもらいながら育ててもらい、自分の目標を達成していくのだ。

　私は恩師に恵まれて、大学で国際関係・国際政治の博士課程を無事に終了し、晴れて「博士（Dr.）」となった。これは4年に及ぶ「長期のチャンス」であった。その体験を「大学の恩師との出会い」として紹介したい。

　大学で勉強する者にとって、博士号を取得することを夢見る人は多い。しかしほとんどの学生にとってそれは夢の中の夢であり、果たせぬ夢と化してしまう。私もその1人であった。

　アメリカに住んでいたころから、同居していた家には、必ずと言っていいほど博士課程を勉強している人が1人いた。アメリカにいた頃はスタンフォード大学の博士課程の学生、オーストラリアではメルボルンやその他の有名大学の学生だった。一緒に生活した中で共通していたことは、自分の研究について、夕食時も、普段の会話の時も、熱心に延々と話を続けることであった。専門過ぎて誰も理解できないのに、なぜだか話題にしてくる。そして博士号を取得したら、自分はこのような専門職を得て、このように人生を歩んでいきたいと、その意気込みを話す。

　聞いていて、すばらしいと思った。これだけ自分の人生の設計がしっかりとしていれば、将来有望であろう。何らかの因縁があるかの如く、私は専門的な研究内容を、それに抵抗することもなく、ただ聞か

されていた。その熱意というか、目の輝きというか、私の魂に訴える何かがあったのだ。できれば私も博士課程を勉強してみたい。その「チャンス」をいつかはつかみたいとさえ思い始めた。

1990年代後半にオーストラリアにいた頃のことだった。シドニー大学で「国際関係」の修士課程を勉強していた時、卒論の期限が半年を切り、かなり焦っていた。同時に博士課程を勉強したい願望が強くあったので、その可能性も模索していた。何人かの教授に博士課程で勉強したいと相談したが、今の成績では無理だと拒否された。成績は中くらいで、決して悪くなかったが、博士課程に受け入れられるには、トップクラスの生徒でなければならない。卒論で相当よい成績を修めるしか道はなかった。だからここは失敗が許されない一発勝負であった。

しかし、このような状況であっても、夢の夢であった博士課程で勉強するという「チャンス」は突如として現われた。修士の卒業論文を書くに当たり、日本の政治経済に詳しい大学教授を探していたところ、ニュー・サウス・ウエールズ大学に日本政治経済を専門とする教授がいることがわかった。

私はその教授に連絡をとり、卒論のためのインタビューを申し出た。電話の対応は、好意的。すぐに私に会ってくれた。名前はロブ・スティーブン（Rob Steven）。50代初めの男性。正式な肩書は助教授である。

面談の当日、恐る恐る教授の部屋のドアをノックした。すると待ち望んでいたかの如く、ロブは私を温かく迎えてくれた。身なりは軽装だったが、一目会った瞬間、教鞭や研究に対する意気込みがものすごく感じられた。日本語の政治経済の書籍がずらっと本棚に並んでい

た。この教授は日本語もわかる。よほど日本の政治経済に精通している人だ。この人なら卒論のインタビューの成果が大いに期待できると確信した。

　それを証明するかのごとく、椅子に座るや否や、すぐに私に何を質問したいのか聞いてきた。あらかじめ準備した質問リストに従って質問すると、それに対して、適格に明瞭に答えてくれた。期待していた以上の回答やコメントをいただき、その情報量を整理するのが大変とさえ思った。これで修士論文の道筋が開けた、というよりも、既に頭の中で論文の主旨とあらすじがまとまっていた。私にとって「運命の人？」。そのような直観が一瞬、頭をよぎった。

　「もしかしたら、この人は私の人生を本当に変えてくれる人かもしれない」と、一種のメッセージが私に伝わった。と同時に、少し前にシドニーで日本の大学教授らの通訳をした際に言われた一言を思い出した。「あなたは修士を勉強しているくらいだから、ついでに博士も勉強してみたら。あなたの研究を指導してくれる大学教授が見つかれば、大学側はあなたをすんなりと入学させてくれるよ」と。その言葉が、なぜだか頭にこびりついていた。

　つまり成績いかんにかかわらず、担当教授さえ見つかれば、博士課程入学も夢ではないということだ。

　実際に、西洋の大学で博士課程を勉強するには、研究を指導してくれる担当教授が必須である。修士の成績があまりよくなくとも担当教授がいれば入学の条件は整う。反対にいくら成績がよくとも自分の研究を指導してくれる担当教授が見つからなければ、大学は博士課程への入学を許可してくれない。

　それを思い出した瞬間、私はロブに、ふと「あなたの元で博士課程

を勉強させてください。ぜひとも私の担当教授になってください」と言ってしまった。するとロブは「学部から博士課程入学の申し込み用紙をもらって、すぐに記入してもってきなさい」と即答してくれた。

その瞬時「チャンスの扉（幸運の扉）」が開いたのがわかった。そして扉の中には長い前ひげがあった。私はそれを離さないぞとばかり、しっかりつかんだ。

ロブに言われた通りに、さっそく学部の事務所へ申し込み用紙を取りに行って、すぐに記入して、ロブのところまで持っていった。そうしたらロブは気持ちよく書類に署名してくれた。

そして私はその書類を学部に提出した。迷いや雑念はなかった。それから2週間後に、大学から通知が来た。博士課程入学合格通知書だ。私は自分の目を疑った。紛れもない正真正銘の入学通知書だ。

その後すぐにロブに挨拶に行った。今後の方針について説明を受けた。博士課程の勉強は非常に大変なので、フルタイムで臨んでいくようにと指示を受けた。修士論文はもう二の次で、合格できればよいという考えであった。

ちなみに、その後数カ月間にロブから教わった博士課程の勉強を元に、修士論文を書き上げた。それは非常に質のよいものとなり、シドニー大学の評価は、「Distinction」であった。80点以上という今までに得ることがなかった優秀な成績で卒業できた。これもロブの指導のおかげである。

さて、ロブの指導を受け始めた私は博士論文がどれだけ大変か初めてわかった。独自の理論を考えて、それを統計や症例などで実証して、4～5年の間に、研究論文として1冊の本に書き上げるのだ。もちろん言語は英語である。授業はなかったので、授業に出席したり、

試験を受けることはない。簡単なようであるが、すべて研究論文で合否が決定されるのできびしい。

ロブは、私に毎日7～8時間ほど勉強しなくてはならない、仕事をするならパートでするようにと指示してきた。しかし、授業料は一切かからなかった。ロブの説明だと、科学の学部と違い、政治学は実験室で物を使って研究することはないので、大学への支払は発生しないという。実際の支払いは学生費用だけで、年に200ドルから300ドル（2万円から3万円）程度。無料で勉強できるとは思ってもみなかった。実はお金のことを心配していたが、その心配も消えた。

ロブによる指導時間は原則として1カ月に1度。最初は月に数回、指導してくれると言う。

最初の指導は、最初の1年の目標を立てて、それをどのように達成していくかであった。何を研究したいかを明確に打ち出し、そのテーマと研究内容を明確にしていくのだ。特にどの既存の理論を研究し、それを基にどのように自分の理論を展開していくかが、最大の課題であった。そのために多くの書物を読み、多くの理論を理解し、そこから自分独自の理論を考え出さなければならなかった。

既存の理論を研究した後、すぐに独自の理論のあらすじを書き始めたが、どれもロブには根拠がないと言われるばかりであった。いくら考えても自分独自の理論などそう簡単に出てくるものではない。とにかく多くの書物を読んで自論を書いては、ロブと議論し、指導の後にまた書き直した。その繰り返しで半年が過ぎてしまった。

するとロブは、研究に関連している本1冊を熟読して、そのあらすじとその本に対する自分の考え方を書くことを指示してきた。私の最初の印象は、「そんな……」。結局無理だと思って自分を限定してしま

ったのだ。断ろうと思ったが、自分で「チャンス」を閉ざす必要もない。これを自分が飛躍する機会と捕えて、1冊本を選んで、それを熟読して、あらすじと自分の考え方を書いた。

　1カ月後に、それをロブに見せたが、案の定、やり直し。あらすじは良かったが、自分の独自の考え方が十分に表現できてなかった。

　次に他の書籍からもいろいろな考え方を調べて、それを1つにまとめて自分の考えのようにして書いた。これは決して良いやり方ではないが、これが限界であった。

　これをロブに見せると、私の独自の考え方が出始めたという。さまざまな人の考え方の寄せ集めであったが、そこから自分の考え方が生まれてきたのである。ロブはこの瞬間をずっと待っていたのだ。これでやっと一歩前進。小さな一歩であったが、心晴れる明るい一歩であった。

　次は、大学構内の図書館にある自分の研究に関する書籍すべてを読みつくすという指示であった。もうこの時点で、不可能と思われることは不可能でなくなっていた。

　勢いづいた私は、半年間の間に、図書館内のほぼ全部の書物を読みつくした。そしてある程度の独自の理論の枠組みができた。2年目からは独自の理論を確立して、それを立証するためにさまざまな研究をすることであった。

　でもそれを実証する証拠集めが難しく、特にオーストラリア国内にはあまり情報がなく、限界を感じていた。日本で研究する必要性に迫られていた。

　そして1年が過ぎようとしていた頃、ロブは、来年1年間、大学を休んで研究に専念するという。いわゆる大学教授に与えられている

「研究のための長期有給休暇」である。

　ロブは私に、日本に1年間、留学することを勧めてくれた。これもすべてロブの計算済み。それも研究費の一環として、大学から日本とオーストラリアの往復航運賃全額が支給されるという。あまりお金がない私にとっては、非常にありがたいことだ。これもロブの働きかけで、大学がすぐに許可してくれた。

　留学先だが、慶応義塾大学に決まった。過去、ロブは慶応義塾大学で教えていたので、慶応義塾大学の教授を紹介してくれた。その方に担当教授を紹介してもらい、そこで博士課程の研究を継続するという計画である。「海外特別研究生」という名目で、慶応義塾大学の「経済学部大学院」に逆留学するのだ。学費は、日本に残しておいた貯金で間に合った。

　ロブの推薦の元、慶応義塾大学入学の手続きを完了。担当教授も決まり、無事に逆留学。

　その後の1年間は、念願であった日本の一流大学で博士論文の研究ができ、有意義な時が過ごせた。仮説の理論のもと、日本にいる間にそれを立証する証拠集めに集中し、ある程度固まった段階で何回か、大学院のセミナーで研究論文の発表をした。政府・民間機関で、詳細な研究も十分にできた。

　この1年は、実家の両親と一緒に住み、仕事もできたので、お金を十分に貯めることがきた。日本に滞在中に、アメリカ人の教授に出会う機会もあり、研究の相談をしたり、交流を深めることができた。

　そして1年が過ぎた。ロブが大学に戻り、私も大学に戻り、3年目の過程に入った。授業料がどのくらいになるか心配だった。

　まるでロブがそれを察していたかのように、私がそのことを聞く前

に、こう言った。「あなたが博士過程に入学したときは、授業料が免除されたが、今年から大学の規定が変わり、1年間に6000ドル（約50万円）ほど授業料が義務付けられるようになった。しかし、あなたの場合は、入学した時に授業料が免除されていたので、そのまま免除を更新するように大学に許可をもらった。だからお金の心配はしないで、研究に専念するように」と。

ロブはみごと、1番の心配事を私が心配する前に、既に解決してくれた。なんという手際の良さであろう。というよりも、これが担当教授である師が行う当然の行為なのだ。弟子が直面するかもしれない問題を事前に察して、それが問題になる前に解決してしまうということだ。こうなると弟子は何も心配しないで、自分がやるべきことに集中できる。これが「メンター（Mentor）」というものだ。

しかし期待するだけの成果が現れない場合は、いつでも見捨てることはできると言われた。他にも博士課程を勉強したい学生はたくさんいる。見込みのない人は、はずされてしまう。そしてその時点で、研究は打ち切りになる。新たに担当教授が見つかればよいが、たとえ世界中探し回っても見つからないケースが多いのが実状だ。それだけ担当教授の存在は重い。成果が期待されているのだから、甘えることは許されなかった。

ここまで私を育ててくれたロブに応えるべく、フルタイムの仕事はしないで、多少のアルバイトをしながら、日本で貯めた貯金を使って生計を立てた。しかしこの1年は厳しかった。なかなか独自の理論が固まらなかったのだ。データや症例など十分に揃っていたが、どうしても理論とかみ合わなかった。何度もロブと理論についてディスカッションしたが、やり込まれてしまい、結局、自分の理論を十分に説明

することができなかった。

　ロブは私に、大学教授や大学院生が研究内容を発表する大学院セミナーに出るよう勧めてくれた。その目的は、自分の研究を発表して、質疑応答に答えられるだけの体力を理論につけることであった。年に数回ほど、発表の機会が与えられ、それに合わせて論文の準備の照準を合わせた。そして大学教授から爆弾をたくさん投下されるような質問を受け、それに苦しんでは、ロブと相談して、理論の力をつけていった。自分に鞭を打って、自分自身を鍛える方法だ。これも私が独自の理論を確立するという大きな壁を乗り超えるために、ロブがメンターとして仕組んだことだ。私はそれに応えるべく、どんな角度から質問されてもきちんと答えられるような、揺るぎない確固たる理論を構築することに努め、やがて独自の理論が確立できた。それを実証するためのデータや実例などともうまくかみ合った。

　この努力が論文全体の突破口を開いた。博士論文を成功させるための大きな「チャンスの扉」は、まだ開いていると実感した。そしてロブも私の論文が上達していることを受けて、あと１年で博士論文を仕上げることを目標に定めた。

　ロブが残り１年と決めたことには理由があった。大学の規定が変わり、博士課程は合計で４年以内に終わらせないと、打ち切りになると決まったからである。学部長でもあったロブはそのことを以前から知っていた。だからまたしてもロブは私がそれに間に合うように鞭を打ち続けたのだ。そして私が安全圏に入ったので、このことを話し、「あなたの場合は、あと１年で論文を仕上げることができるから、何も心配しないように」と、私が心配すべきことを、またもや事前に解消してくれた。

また博士論文の審査員のことも説明してくれた。全員で３名。１名は同じ大学内、１名は私の過去の教授、１名は外部の人が好ましいとアドバイスしてくれた。大学内はロブの友人の教授、過去の教授は私の知っている教授、外部の審査員は日本で知り合ったアメリカ人の教授に依頼することにした。その合意も取り付けた。
　そして論文の最終段階に入った。ロブの指導も一段と厳しくかつ細かくなってきた。そして１年かけて今までの研究内容を１冊の本にまとめた。今までのロブの指導が行き届いていたのか、研究内容が意外とうまくまとまった。最後に、編集と校正の段階に入った。それをロブが一手に引き受けてくれた。
　担当教授がここまでするのかと思ったが、こんなにありがたいことはない。最終段階の論文をロブに渡して、一切を頼むことにした。しかし、なぜだかロブがあせっているようにも思えた。それから１カ月後に、ロブは私の論文を返してくれた。論文全部が真っ赤に染まっていた。すべてのページがロブの汗と血で染まっているようにも見えた。ロブがすべてを書き直してくれたのだ。ロブの血と汗の結晶であった。そして私に、「この通りに訂正すれば、合格するから。訂正して、提出するように」と一言、言った。
　それからまもなく、４年かけて書き上げた博士論文を提出。そして審査には数カ月かかるとのこと。しばらく旅行をしてから日本へ一旦帰ることにした。
　そして、ちょうど４月１日、大学からメールが入った。政治学部の秘書の女性からであった。内容は不可解なもので、「ロブが脳腫瘍を患い、時既に遅し。助かる見込みはない。ロブに会いたければなるべく早くシドニーに戻って来るように」と書かれていた。その日はエイ

プリルフールだったので、私は冗談だとばかり思って返事を書いたが、続いて次のメールが来て、これが本当の話であることがわかった。

　私は焦った。ロブにメールを書いて、すぐに会いに行くから待っていてくれるように伝えた。それから1週間後にシドニーに戻った。ロブに再度メールで連絡したが、余生を家族と一緒に過ごしたいので、会えないと返事が返ってきた。

　メールを1行、打つだけでも15分ほどかかると言う。それほど脳腫瘍は悪化していた。その後も、私をここまで育ててくれた恩師であるロブに感謝の気持ちを伝えたく、メールを送り続けた。ロブに一目会って、「Thank you very much for everything」と一言だけ感謝の気持ちを伝えたかった。でも私はロブの意向を尊重し、会わないことにした。

　それからしばらく経って、ロブのことを耳にしなくなった。大学に問い合わせすると既に亡くなったという。私の悲しみは言葉で表現できないほど、大きなものだった。自分をここまで育ててくれた恩師に報うどころか、直接感謝の気持ちも伝えることができなかったのだから。もしかしたら、ロブは私に自分の元気な姿しか見せたくなかったのかもしれない。

　私とロブを知っている人は皆このように言った。「ロブは、命がけであなたを最後まで指導してくれた勇敢な人だった」と。私とロブとの出会いと別れは突然であった。私の人生の中で、本当に必要な時期に、出会った人であった。少しでもタイミングがずれていれば得ることができなかった「チャンス」が、少しのずれもない絶妙なタイミングでみごとに続いた数年であった。

その後、博士論文は多少書き直すことだけで、みごと合格。晴れて博士号を取得し、念願のDr.になった。Dr.の称号は、世界で通用し、永遠に残る肩書である。大学で教えることもできるし、他の職業に就く際にも有利になる。なにかと利用価値のある肩書である。

　その後、私はすぐに在京オーストラリア大使館で上席政治調査官として職を得た。その後、日本とオーストラリアの大学で国際政治学も教えている。実は、博士課程の研究中にロブは、研究調査方法、大学で教鞭する方法も教えてくれていた。だからすべて初めての経験でないように感じた。何をどうしたらよいか事前にわかっていた。それほどロブの指導は先を見越した徹底した指導であった。世界に誇れる超一流のメンターだ。

　私はロブから教わったことを、生徒に教えている。これが私のロブへの唯一の恩返しだと思っている。必要な時期に、必要な人と出会うという絶妙なタイミングは、人を育て飛躍させ、成功させるための最大の「チャンス」を与えてくれる。それはただ待っていてもやってこない。あなたの強い意志と努力で、あなた自身が必要としている人を探し、成功するまでその人にしがみついて「チャンス」を継続させることである。

　第2弾以降の本では、私と英語の出会い、それが私の人生をどのように変えていったのかについて話したい。英語に無知であった私がどのように英語を勉強して取得し、どのように大学の博士課程で勉強できるほどの英語力を身につけ、オーストラリア通訳士・翻訳士国家試験プロフェッショナルレベル（NAATI – National Accreditation Authority for Translators & Interpreters）に合格し（現在、4つの国家資格を有している）、オーストラリア連邦政府とニュー・サウ

ス・ウエールズ州政府公認通訳士・翻訳士となり、プロの通訳・翻訳士として国際会議、放送通訳、各種会議通訳、法廷通訳、医療通訳、各種翻訳に従事し、大学講師となり国際政治のみならず通訳と翻訳も大学で教え、通訳・翻訳サービス会社や通訳・翻訳養成学校を設立するに至ったか、新たな冒険記と共に紹介したい。

さらに、なぜ私が18歳の時から世界中を旅したり、冒険することに至ったのか、そしてどのようにして130以上の国や地域を訪問することができたのかも紹介したい。これらもすべて長年にわたる強い意志でやり通した努力の積み重ねと絶妙なタイミングで出会った人達から得た協力や支援のおかげであった。英語を取得したい人、世界を旅したい人にとっては、必須の本となろう。

また第2弾以降の本では、私の専門である国際関係、国際政治、国際情勢についても触れていきたい。

それはさておき、出会いの少ない人にとって、人との出会いをつかむことは酷なことであろう。1つアドバイスをしておこう。社会人が多く集まるパーティーに行くことだ。または誰かに頼んで連れて行ってもらう。パーティーの席上で1人でもいいから自分が今必要としている人を探すのだ。1人でも見つかれば大成功だ。

たとえばあなたが何かの法的問題を抱えているとする。それを相談できる人が今の自分にはいない。そうしたらパーティーの席上で弁護士や法律専門家や、またはそのような人を紹介してくれる人を探すことだ。

パーティーの席で知り合うと意外と親しみがもてるものだ。そこで名刺交換をし、自分の話をもちかけ、後日連絡することをなんとなく伝えておく。

しかし自分には名刺がない……所属先や肩書がなくても、自分の名前と連絡先を書いたカードを自分で作って持参すればよい。それだけでも名刺として十分に通用する。そして後日、連絡を取ってみる。相談に応じてくれれば、あなたの目的を達成する「チャンス」が得られるであろう。

これをパーティーに行くごとにすれば、多くの出会いが得られる。自分の回りに必要な人材がそろう。

1つ覚えておいてもらいたいことがある。将来、自分が逆の立場になり、あなたに助けを求めて来る人が現れたら、その人に救いの手をぜひとも差し伸べてもらいたい。

「あなたの強い意志があなたの運命を変える」。見事自分の運命を変えてみてほしい。人生がおもしろくなり、エネルギーに満ち溢れ、きっと新たな自分が発見できるだろう。

結びの言葉

　私の冒険記は、週刊新潮（2004年7月22日号）で掲載され、TBS「はなまるマーケット」（2004年8月9日）、埼玉テレビ「美女とヤジ馬」（2005年1月15日）でも放送されました。また国内外のメディアやウェブサイトでも取り上げられました。また日本とオーストラリアで冒険談のセミナーもしています。ホームページも開設しており、タイタニック沈没地点到達、北極点到達、南極点到達、北朝鮮訪問、スタインウェイピアノ工場視察とピアノ選定、スカイダイビング、スキューバダイビングなどの自作映画やピアノ演奏のYouTubeも多々、公開しています。ご関心のある読者の方は、ぜひともご覧ください。数多くの写真やビデオをご覧いただけます。

　ホームページ：http://www.masaygoto.com
　YouTube: http://www.youtube.com/user/mgoto5103/videos
　Facebook: http://www.facebook.com/masayo.goto.90

　またホームペーのリンクを使用すれば、直接メールで連絡していただくことも可能です。また依頼いただければ、いつでも冒険の話をさせていただきます。

私の名言

　最後に、私が今までの冒険を振り返って学んだことを紹介します。
　これらの名言は、私が今までに世界を旅してきた経験に基づいて、すべて私自身が考えたものです。少しでも、皆様に元気と勇気を与えることができれば幸いです。

＊人生、目標ある限り、つらいことなし
＊あなたの強い意志が、あなたの運命を変える
＊苦難を乗り越える道、必ずあり
＊恩師に報わば、社会に尽くせ
＊お金は紙なり、形に残せ
＊出会いの喜びは、別れの悲しみよりまさる
＊人への差別は、自己への破滅
＊相手にどう伝えるかよりも、相手にどう伝わっているかを知れ
＊日本人であってこそ、初めて国際人
＊人生途中からでも、修正可能
＊安心したくば、準備せよ
＊備えあれば、危険少なし
＊挑戦は、死を覚悟で
＊人生、迷わば進め！
＊我と短気は失敗の元
＊人より努力せば、人より喜び増す
＊動物は人間孝行なり

筆者のプロフィール

大学講師(国際政治学。翻訳・通訳科)、オーストラリア政府公認(NAATI)通訳士・翻訳士、通訳・翻訳のサービスと通訳士・翻訳士養成学校を提供するJapanese Accredited Translators and Interpreters (JATI) Pty Ltd社の創設者・代表取締役社長、冒険家。在京オーストラリア大使館で上席政治調査官として勤務。

メディア出演
テレビ出演(はなまるマーケット、2004年8月9日、美女とヤジ馬、2005年1月15日)、週刊新潮(2004年7月22日号)、超人大陸(アキバチャンネル)。

資格
豪州政府公認通訳士翻訳士(NAATI: National Accreditation Authority for Translators & Interpreters)(翻訳:英語→日本語、日本語→英語、通訳:日英両方向)、裏千家茶道(茶名)、生け花(師範)、スキューバダイビング(レスキューダイバー、ディープダイバー)。

所属
日本国際学会、NAATI(豪州政府公認通訳士翻訳士認定機関)、TIS (Translation & Interpreting Service、豪州連邦政府通訳機関)、Community Relations Commission for NSW(豪州ニュー・サウス・ウエールズ州公認通訳機関)、Ausit (Australian Institute of Interpreters & Interpreters, オーストラリア通訳・翻訳学会)。

冒険
130以上の国や地域を歴訪。その中には、タイタニック沈没地点(海底3800メートルの深海)、北極点、南極点、南極大陸、アフガニスタン、サウジアラビア、北朝鮮、リビア、キリンマンジェロ山頂(約6000メートル)、アララット山山頂(約5100メートル)、イラン、サオトメプリンシペ、コンゴなど、訪問することが難しい国や地域も多々ある。インドではマザーテレサとサイババに個人的に面会。冒険は継続中。

趣味
クラシックピアノ、フィギュアスケート、スキューバダイビング、茶道、華道。

表彰
2010年5月22日、長年の個人的な国際貢献が認められて、日本善行会から「国際貢献部門」で表彰される。

付録：目標達成実践ノート

(私の実用例)

注意：
1. 目標は1つにしぼること（試験合格、資格取得、試合の優勝、求職などの最終目標。お金を貯めるなどは中間目標になる）
2. 各項目は具体的に記入すること
3. 目標達成実践ノートを目標ごとに作成し、活用していくこと（最初に空白のコピーをいくつかとっておくとよい）

目標	キリマンジャロ山頂到着
毎日すること	一生懸命働き、節約し、旅費を貯めること。 腹筋：100回＋ストレッチ運動。 イメージトレーニング（自分が山頂に立った時のイメージを浮かべ、山頂で何をしたいか想像する）。
1週間の間にすること	3回ジムに行って体を鍛える（ウォーキングマシンを40分。1回は登山靴を履いて、10度の坂にして足腰を鍛える）。 1回プールに行って泳ぐ。
1カ月の間にすること	体重を3キロ減らす。ツアー会社の候補を数社探す。実際にお金が貯まっているか、休みがとれるか確認。
レビュー1	体力に自信があるか、資金は十分にあるか、休みがとれるか確認。すべて問題なければ、実行1へ。問題があれば、今までの項目を問題がなくなるまで繰り返す。
実行1	参加ツアー会社を選択、申込み、支払。フライトの予約、衣類や器材の準備と購入（イメージトレーニングの際に、山頂で日本の国旗を掲げている自分を想像した。大きい日の丸の旗を忘れずに購入すること）。怪我や病気をしないように、私生活に気をつけること。無理は禁物。目標達成に専念すること。
実行2	出発。現地集合。スケジュールの確認。時差の調整。
実行3	登山期間：予定通りに山を登る。高山病になれば、少し下山し、体を調整。その後にまた登る。登山後は、足腰をほぐし、しっかりと食べ、体を温かくしてぐっすり寝る。器材の点検。夜更かし禁止。
レビュー2	体力と健康状態を再確認。足に痛みが出たり高山病になれば、下山、マッサージ、薬を飲むなど、すぐに対策をとること。準備ができた時に、山頂に臨む。

目標達成実践ノート

目標	
毎日すること	
1週間の間にすること	
1カ月の間にすること	
レビュー1	
実行1	
実行2	
実行3	
レビュー2	

地球3大冒険紀行
<ruby>ちきゅう<rt></rt></ruby> <ruby>だいぼうけんきこう<rt></rt></ruby>

著者　後藤昌代
　　　<ruby>ごとうまさよ<rt></rt></ruby>

発行日　2013年5月20日　第1刷発行

発行者　田辺修三
発行所　東洋出版株式会社
　　　　〒112-0014　東京都文京区関口1-23-6
　　　　電話　03-5261-1004（代）
　　　　振替　00110-2-175030
　　　　http://www.toyo-shuppan.com/

印刷　日本ハイコム株式会社
製本　ダンクセキ株式会社

許可なく複製転載すること、または部分的にもコピーすることを禁じます。
乱丁・落丁の場合は、ご面倒ですが、小社までご送付下さい。
送料小社負担にてお取り替えいたします。

© Masayo Goto 2013, Printed in Japan
ISBN 978-4-8096-7689-5
定価はカバーに表示してあります

ISO14001 取得工場で印刷しました